Marianne Heilmannseder

Das neue
Alm-Wanderbuch

Marianne Heilmannseder

WANDERN & BIKEN

Das neue Alm-Wanderbuch

Brotzeitalmen in Oberbayern und Nordtirol

BLV

Die Deutsche Bibliothek –
CIP-Einheitsaufnahme

Das **neue Alm-Wanderbuch** : Brotzeit-
almen in Oberbayern und Nordtirol /
Marianne Heilmannseder. – München ;
Wien ; Zürich : BLV , 1995
    ISBN 3-405-14759-X
NE: Heilmannseder, Marianne

Bildnachweis
Titelbilder vorne: oben Priesbergalm
(Tour 21), unten Schwarzentenn (Tour 11);
hinten: Hubertushütte (Tour 13)
Bild Seite 2/3: Almabtrieb beim Schlemm in
Oberach/Tegernseer Tal

Alle Aufnahmen
Marianne Heilmannseder und Rudolf Faiss
mit Ausnahme von: Seite 19 (Georg Klotz),
27, 43 (Heinrich Bauregger), 57 (Foto Löbl-
Schreyer), 86 (Edith Kiel)

Karten: Volker Linn/Jana Kluge,
Holzkirchen
Umschlaggestaltung: Sander & Krause,
München

Herstellung: Friedrich Wilhelm Bonhagen

BLV Verlagsgesellschaft mbH
München Wien Zürich

80797 München

Satz: Max Vornehm GmbH, München
Lithos: Repro Ludwig, Zell am See
Druck: Appl, Wemding
Binden: Ludwig Auer, Donauwörth

Gedruckt auf chlorfrei gebleichtem Papier

Printed in Germany ISBN · 3-405-14759-X

Erläuterung der Kartensymbole

		Wanderung
		Biketour
		Gipfelbesteigung
		Variante
	1174	Hauptalmen
	1265	andere Almen
	1583	Gipfelziel im Rahmen der Tour
P		Ausgangs-Parkplatz
START		Tourenbeginn
		Gasthaus
		Kirche, Kapelle
		Bademöglichkeit
		Burg, Schloß
		Ruine
		Weiler, Gehöft
		Sehenswürdigkeit
	1780	Berggipfel
		Schiff
		Aussichtspunkt
		Wegkreuz, Marterl
		Bergbahn, Lift

Schriftliche und bildliche Darstellungen
dieses Werkes erfolgten nach bestem Wissen
und Gewissen der Autorin. Die Begehung
der Touren nach diesen Vorschlägen
geschieht auf eigene Gefahr. Eine Haftung
kann nicht übernommen werden.

Inhalt

12 Verhaltensregeln für Wanderer und Biker auf Almtouren
sowie Übersichtskarte siehe
rückwärtige Buchklappe

5

Einführung

Almwandern immer populärer

Almen – das ist gleichermaßen 2000jährige Geschichte und neuzeitliche Ökologie, ist traditionelle Sachkultur, altüberkommenes Brauchtum und modernste Wirtschaftlichkeit. Daneben kommt den Almen aber auch ein hoher Tourismus- und Freizeitwert zu. Sie bilden gerade in unserer heutigen streßbetonten Zeit einen für jedermann relativ leicht zu erreichenden Anlaufpunkt im Gebirge, der nostalgische Gemütlichkeit mit einem malerischen Naturszenario vereint.

20 Jahre ist es her, daß mein erster Almwanderführer erschienen ist. An meiner Begeisterung für das Almwandern, meinen Sympathien zu den Almbauern und Sennerinnen und meinem Interesse für die Belange der Almwirtschaft hat sich seitdem nichts geändert; sie sind, wenn möglich, nur noch gewachsen. Und die Zahl der Wanderer, denen eine schön gelegene, gastliche Almhütte eine ebenbürtige Tourenalternative zu einer Gipfelbesteigung ist, hat inzwischen um ein vielfaches zugenommen. Insbesondere die Biker haben die Almen »erobert«. War Mountainbiking Mitte der 70er Jahre noch ein Fremdwort, begegnen einem heutzutage auf den Almen oftmals mehr Bergradler als Bergwanderer.

Wanderer und Biker auf getrennten Wegen

Diese Tatsache war auch ausschlaggebend dafür, den Titel »Das Alm-Wanderbuch« in der vorliegenden Neuerscheinung von Grund auf zu aktualisieren und das Thema gewissermaßen zu »kanalisieren«. Der sprunghafte Anstieg der Radler im Gebirge ist nämlich über die Wanderer, die dieses Terrain bisher als ihre ureigenste Domäne angesehen hatten, wie eine Lawine hereingebrochen. Eine Art Vorrechtsdenken ihrerseits sowie das manchmal rücksichtslose Fahrverhalten einiger Radel-Rowdys haben dazu geführt, daß sich die beiden Parteien nicht immer »grün« sind. Ergibt sich für die Wanderbuch-Autorin die Frage: Wie kann man diese zwei scheinbaren Kontrahenten möglichst ohne Reibungspunkte zu ein und demselben Ziel – nämlich auf eine Alm – leiten? Ganz einfach, indem man solche Almen ausfindig macht, zu denen sowohl ein Wanderweg als auch eine Forststraße hinaufführt. Und daß man zudem solche Almen auswählt, die gleichzeitig Brotzeitstationen sind, also einen entsprechenden Touristenansturm verkraften. Damit möchte ich aber auch vermeiden helfen, daß kleinere, ursprüngliche Almen vor noch mehr Überlaufen-Werden verschont bleiben.

Bei dieser Tourengestaltung muß allerdings die Einsicht und Vernunft der Mountainbiker vorausgesetzt werden, auch tatsächlich auf den Forststraßen zu bleiben.

Eine Richtlinie, die im Bayerischen Naturschutzgesetz Artikel 25, Absatz 2 festgelegt ist, besagt, daß das Radfahren nur auf Straßen und Wegen zulässig ist; ferner heißt es in Artikel 23, Absatz 1, daß das Fahren auf Privatwegen – und das sind die meisten Wald- und Almwege – nur gestattet ist, soweit sich die Wege dafür eignen, wobei den Fußgängern der Vorrang einzuräumen ist.

Zur Buch-Konzeption

Bleiben wir bei den Bikern: Die Touren sind in folgende drei »Schwierigkeitsgrade« unterteilt:

leicht = bis ca. 10 % Steigung
mittel = ca. 10 – 14 % Steigung
schwierig = ca. 14 – 20 % und mehr Steigung

Auf das (zumeist nicht eingehaltene) Fahrverbot auf Forststraßen im Tiroler Almbereich wird ausdrücklich hingewiesen.

Im Gegensatz zu den Mountainbike-Strecken (die kann man, wenn man einmal in die Forststraße »eingefädelt« hat, sowieso nicht verfehlen) werden die Wanderrouten ausführlich beschrieben. Die Wege sind ohne Schwierigkeiten und von jedermann zu begehen. Und wer will, kann bei fast allen Touren zusätzlich auch einen Gipfel besteigen.

Hier noch ein paar Anmerkungen: Die angegebenen Zeiten beziehen sich auf die reinen (gemütlichen) Gehzeiten und wurden ohne längere Rasten berechnet. Die Öffnungszeiten der Almen können sich je nach Witterung von Fall zu Fall ändern. Ändern kann sich natürlich von Jahr zu Jahr auch die geschilderte Situation auf den einzelnen Almen (z. B. Personalwechsel).

Zum besseren Verständnis des jahrhundertealten Kulturgutes der Almen wird in einem Kapitel am Schluß des Buches auf Geschichte, Brauchtum sowie die Bewirtschaftungsformen einst und jetzt eingegangen.

Schließlich sei auch noch auf die »Almwanderregeln« (hintere Buchklappe) hingewiesen. Wir kommen nun mal leider in unserer vom Tourismus bis an die äußerste Grenze des Zumutbaren strapazierten heimischen Berglandschaft nicht mehr ohne »freiwillige Selbstkontrolle« aus. Im Sinne der Umwelt – in diesem Fall insbesondere der Almen –, die wir alle in einem verständnis- und rücksichtsvollen Miteinander für uns und unsere Nachkommen erhalten wollen.

In diesem Sinne: Viel Spaß beim Almwandern!

Ihre Marianne Heilmannseder

Stepbergalm: Kaiserschmarrn mit Zugspitzblick

TOUR 1

Gehzeit/Länge
Wanderung = ca. 4 ½ Stunden. – Biketour = ca. 14 Kilometer, mittel/schwierig.

Ausgangspunkte
Wanderung = Parkplatz bei der Almhütte, Autozufahrt von Garmisch über Zugspitzstraße, von-Müller-Straße, Loisachbrücke, Maximilianshöhe. – Biketour = Wanderparkplatz (Ochsenhütte) an der B 23 Garmisch – Grainau – Griesen, ca. 6 km westlich der Abzweigung nach Grainau.

Karten
(1 : 50 000) KOMPASS Nr. 5 Wettersteingebirge. – Bayer. Landesvermessungsamt L 8532 Garmisch-Partenkirchen; Gebietskarte Karwendelgebirge – Werdenfelser Land.

Stepbergalm
Die Stepbergalm, auf 1583 Meter nordwestlich über Garmisch-Partenkirchen im Naturschutzgebiet Ammergauer Berge gelegen, ist eine der im Werdenfels relativ häufigen Genossenschaftsalmen. Sie untersteht der Weidegenossenschaft Garmisch, die von Mitte Juni bis Ende September etwa 70 Stück Jungvieh, ein paar Milchkühe und an die 500 Schafe auftreibt. Gleichzeitig ist die Stepbergalm auch eine beliebte Brotzeitstation für Bergwanderer und Mountainbiker. Man bekommt Milch und sonstige Getränke, Rührei mit Speck, Suppe, Würstl, Käsebrot und, wie eh und je, einen sehr guten Kaiserschmarrn – eine Tradition, die dem Anschein nach von allen Pächtern weitergeführt wird. Von einer romantischen Hütte zu sprechen, wäre übertrieben; dafür ist man bei kühlem, feuchtem Wetter um den windgeschützten Vorraum recht froh. Der Blick geht von der Almhochfläche genau auf das Zugspitzmassiv – eine Aussicht, die man auch auf dem Abstiegsweg immer wieder genießen kann.

Viele Wege führen auf die Stepbergalm.

Wanderung

Von der Ausflugsgast-
stätte Almhütte und den
zahlreichen Touristen, die
den gleich daneben vorbeiziehen-
den Kramerplateauweg bevölkern,
gewinnen wir schnell Abstand,
wenn wir in die von ihm nordwärts
abzweigende Forststraße ein-
schwenken. Wir wandern auf ihr
so lange aufwärts, bis wir auf die
Beschilderung »Kreuzweg/Step-

Die Stepbergalm bei
Garmisch-Partenkirchen,
westlich unterhalb des
Kramer.

bergalm« stoßen. Sie schickt uns
nach rechts auf den sogenannten
Kreuzweg, einen schmalen Bergpfad, auf dem es durch viel schattigen Wald nun etwas steiler aufwärts geht. Erst nach oben zu

9

lichten sich die Bäume, und nach ca. 2 Stunden haben wir die weite Wiesenmulde der Stepbergalm erreicht – womit auch unser Kaiserschmarrn in greifbare Nähe gerückt ist.

Für den Abstieg wählen wir von der Hütte aus den beschilderten Weg durch das Gelbe Gewänd (KR 2). Er zeichnet sich anfangs vor allem durch eine großartige Sicht auf das Zugspitzmassiv aus; im weiteren Verlauf aber auch durch einige steilere Passagen, wobei es an einer Stelle etwas luftig auf einem losen Brett über ein Bachbett geht. (Vorsicht bei Nässe: Rutschgefahr!) Zunächst sonnig, dann durch Wald landen wir nach ca. 2 Stunden wieder auf dem Kramerplateauweg, den wir links zur Almhütte zurücklaufen.

Biketour

Als Radelstrecke bietet sich die Forststraße vom Wanderparkplatz (Ochsenhütte) an der B 23 hinauf zur unbewirtschafteten Rotmoosalm an. Bis hierher ist es ein breites, mäßig steiles Schotterstraßerl. Anschließend wird der Weg schmäler, steiler und steiniger, und man muß auch schon mal aus dem Sattel. Wenn dann der obere Rand des Almkessels erreicht ist, fällt der Weg zur Stepbergalm nur noch leicht ab.

Kramer

Der sehr aussichtsreiche Kramer (1985 m) östlich der Stepbergalm ist von hier aus auf einem sonnigen, Trittsicherheit und etwas Spürsinn verlangenden Steig in ca. 2 Stunden zu besteigen. Sinnvoller ist jedoch folgender Rundweg: Almhütte – Wirtshaus St. Martin – Kramersteig – Kramer – Stepbergalm – Abstieg über den Kreuzweg oder durchs Gelbe Gewänd (ca. 6 – 7 Stunden). Beide Touren sollten nur von bergerfahrenen Wanderern unternommen werden.

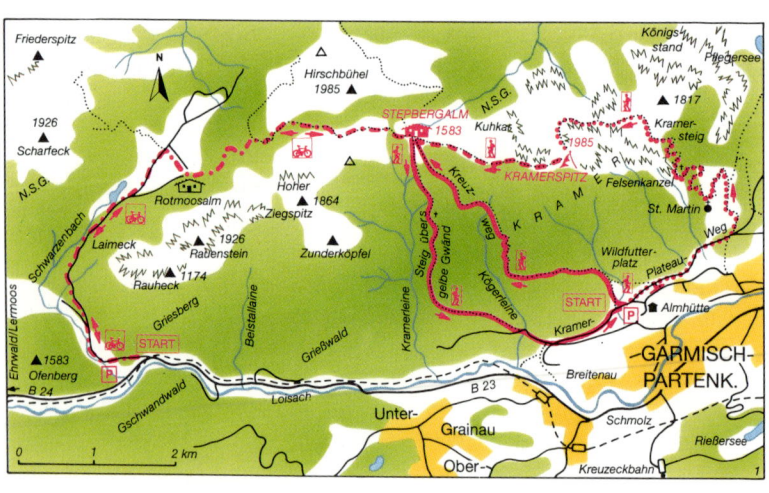

Vom Wank bergab zur Esterbergalm

TOUR 2

Gehzeit/Länge
Wanderung = ca. 4 Stunden. –
Biketour = ca. 12 Kilometer,
mittel/schwierig.
Ausgangspunkt
Talstation der Wankbahn im
Ortsteil Partenkirchen,
Parkmöglichkeit.
Karten
(1 : 50 000) KOMPASS Nr. 5
Wettersteingebirge. – Bayer.
Landesvermessungsamt L 8532
Garmisch-Partenkirchen;
Gebietskarte Karwendelgebirge
– Werdenfelser Land.

Esterbergalm
Im weiten Wiesen-
kessel der auf
1265 Meter Höhe
nordöstlich am Fuße des Wank
gelegenen Esterbergalm wird schon
seit ein paar Jahrhunderten Vieh
gesömmert. Die Alm gehört der
Gemeinde Garmisch-Partenkirchen,
und die Pächter sind das ganze Jahr
über hier heroben (Mittwoch Ruhetag; von Ende November bis Weihnachten geschlossen). Den Gar-
misch-Ausflüglern – ob Wanderer,
Radler, Skifahrer, Drachenflieger
oder Paraglider – ist die Esterbergalm allerdings mehr als zünftige
Berggaststätte, denn als Almbetrieb

ein Begriff. Zu den Favoriten auf
der einfachen Speisen- und Brotzeitkarte zählt auch hier vor allem
der prima Kaiserschmarrn.
Nachdem von diesem nahezu »klassischen« Almgericht in diesem
Buch noch öfter die Rede sein wird,
soll einmal kurz darauf eingegangen werden. Für den Namen gibt
es mehrere Deutungen, unter anderem auch die, daß der Kaiserschmarrn früher Kaserschmarrn
geheißen habe, also in seiner
einfachsten Zubereitungsform
ursprünglich eine reine Almspeise
war. Das Rezept dazu lautete fol-
gendermaßen: Man verrühre Mehl
und Milch mit etwas Salz zu einem
dicklichen Teig (frische Eier gab es
in früheren Zeiten auf den Almen
nicht) und lasse das Ganze in der
Pfanne über dem offenen Feuer in
Schmalz goldbraun brutzeln. Ein
paarmal mit dem Löffel darin her-
umgestochert, und fertig war das
sättigende Schnellgericht, das sich
auch die Männer ohne große Koch-
kenntnisse zubereiten konnten.

Wanderung
Die Esterbergalm gehen
Wanderer am besten –
weil bikefrei – von oben
her an, nämlich vom Wank. Dieser
1780 Meter hohe Berg trägt nicht
umsonst den Beinamen »Garmi-
scher Sonnenterrasse«. Mit einer
Kabinenseilbahn bequem zu erreichen, ist er ganzjährig Tummelplatz
für Touristen und Freizeitsportler
aller Couleur. Auch wir lassen uns
von der Seilbahn zum Gipfelplateau
(mit Unterkunfts-/Berggasthaus)
hinauftragen und genießen erst ein-

mal die unvergleichliche Aussicht auf das Wettersteinmassiv; über 400 Bergspitzen soll man vom Wank ausmachen können.

Als Abstiegweg wählen wir dann den mit »W 3/Esterbergalm« ausgeschilderten Serpentinenpfad in nördlicher Richtung. Wenn wir schon ziemlich weit unten sind, geht es an einer Gabelung nach rechts. Man tifft auf die breite Zufahrtsstraße und steuert nach rechts schnell die Esterbergalm an, zu deren harmonischem Ensemble auch ein Kapellchen gehört.

An diesem vorbei wandern wir nach ausgiebiger Rast südwärts weiter (»W 2«). Am Esterberg-Skilift vorüber geht es dann einen Treppensteig aufwärts, anschließend abwärts und mit schönem Gebirgsblick in ca. 1 Stunde zum Gschwandtnerbauern. Man könnte bereits vorher nach rechts auf den Weg in Richtung »Gamshütte« abzweigen, auf dem man ebenfalls zum Ausgangspunkt zurückkommt. Dann entgeht einem allerdings die wunderschöne Aussicht über Blümchenwiesen auf Wetterstein und Karwendel im Breitleinwandformat, die man zu Kaffee und Kuchen oder Bier und Brotzeit beim Gschwandtner kostenlos serviert bekommt. Um unsere Wanderrunde zu Ende zu bringen, laufen wir abschließend das Teersträßchen bergab, immer geradeaus haltend, beim Institut für Vogelkunde rechts, und verfolgen dann den »Wanderweg nach Partenkirchen« zur Talstation der Wankbahn.

Bevor Sie jedoch ins Auto steigen und heimfahren, sollten Sie auch noch der nahegelegenen barocken Wallfahrtskirche St. Anton einen Besuch abstatten – es lohnt sich! Ursprünglich von Partenkirchener Bürgern als Votivkirche errichtet, wurde sie 1734–36 von dem Wessobrunner Joseph Schmuzer erweitert und enthält unter anderem das »vielleicht schönste deutsche Deckenbild des 18. Jahrhunderts« von Johann Ev. Holzer.

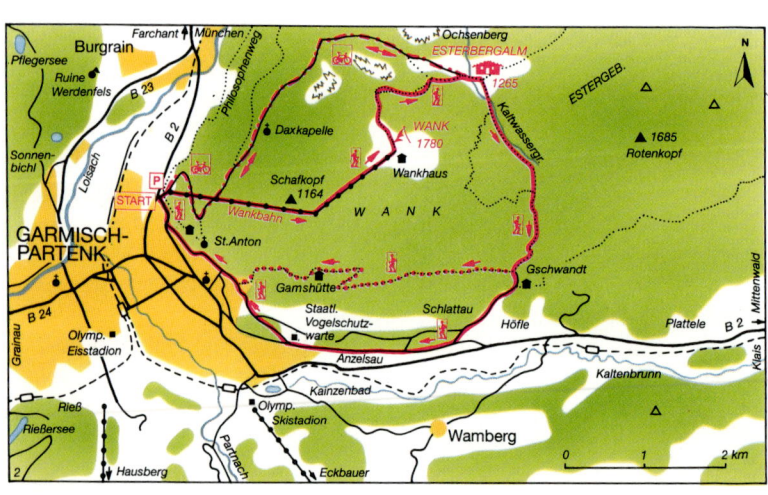

Biketour

Reichlich von Bergradlern frequentiert wird die teils geschotterte, teils asphaltierte, breite Zufahrtsstraße von Partenkirchen hinauf zur Esterbergalm. Wenn man die Daxkapelle (mit Brunnen!) erreicht hat, ist allerdings erst ungefähr ein Drittel des Anstiegs geschafft. Am besten rollt man über die gleiche Strecke auch wieder zu Tal. Von Biketourenvorschlägen Richtung Gschwandt oder durchs Finzbachtal hinaus nach Krün/Wallgau sollte man sich besser nicht verleiten lassen. Hierbei sind einige Tragepassagen zu überwinden. Darüber hinaus entspricht das Fahren auf unbefestigten Wegen – insbesondere im Almgelände – nicht dem schonenden Umgang mit der Natur, zu dem sich jeder Biker verpflichtet fühlen sollte.

Ein beliebter Wanderer- und Bikertreff: die Esterbergalm über Garmisch-Partenkirchen.

Zur Wettersteinalm unterm Schachenschloß

TOUR 3

Gehzeit/Länge
Wanderung = ca. 5 ½ Stunden mit Schachen. –
Biketour = ca. 22 Kilometer Klais–Wettersteinalm und zurück, mittel;
oder ca. 30 Kilometer Rundtour Mittenwald – Ferchensee – Bannholzweg – Wettersteinalm – Elmau – Klais, leicht/mittel.

Ausgangspunkte
Wanderung = Elmau, Wanderparkplatz. –
Biketour = Bahnhof Klais, Parkmöglichkeit; bei der Rundtour südliches Ortsende von Mittenwald, Zufahrtsstraße zum Lauter- und Ferchensee, Parkmöglichkeit.

Karten
(1 : 50 000) KOMPASS Nr. 5 Wettersteingebirge. – Bayer. Landesvermessungsamt L 8532 Garmisch-Partenkirchen; Gebietskarte Karwendelgebirge – Werdenfelser Land.

Wenn das Futter knapp wird, muß das Vieh schon Mitte September von der Wettersteinalm abgetrieben werden. ▷

Wettersteinalm Schachen

Die auf 1464 Meter Höhe am Fuße der Nordabstürze der gewaltigen Wettersteinwand gelegene Wettersteinalm (oder -alpe) ist bereits im Jahre 1464 erstmals urkundlich erwähnt, als sie vom damaligen Pfleger von Werdenfels den Partenkirchener Bauern übergeben wurde. Heute wird sie von der Alpgenossenschaft Partenkirchen betrieben, sie ist also eine Genossenschaftsalm. Hier werden je nach Witterungsbedingungen von Anfang Juli bis Ende September etwa 120 Rinder, davon stattliche 50 Milchkühe, gesömmert. Und während dieser Zeit ist die Wettersteinalm gleichzeitig auch eine beliebte Brotzeit-, Bier- und Milch-»Tankstelle«. Die riesige Schafherde weidet bis zum Wintereinbruch oben am Schachen.

Der 1866 Meter hohe Schachen wäre im Vergleich zu seinen weit imposanteren Bergnachbarn wohl eine relativ unbedeutende Erhebung, hätte sich dort oben nicht der bayerische »Märchenkönig« Ludwig II. 1870–72 das Schachenschloß erbauen lassen. Gemessen an seinen übrigen Prunkschlössern ist es außen recht schlicht ausgefallen; es erinnert an ein Schweizer Holzhaus. Innen birgt es allerdings im ersten Stock den sogenannten Maurischen Saal, einen ganz in Rot, Gold und Blau gehaltenen Prunkraum mit Mittelbrunnen (Besichtigungsmöglichkeit). Wenn der Monarch gerade Lust und Laune dazu verspürte, ließ er sich über den Königsweg – unseren

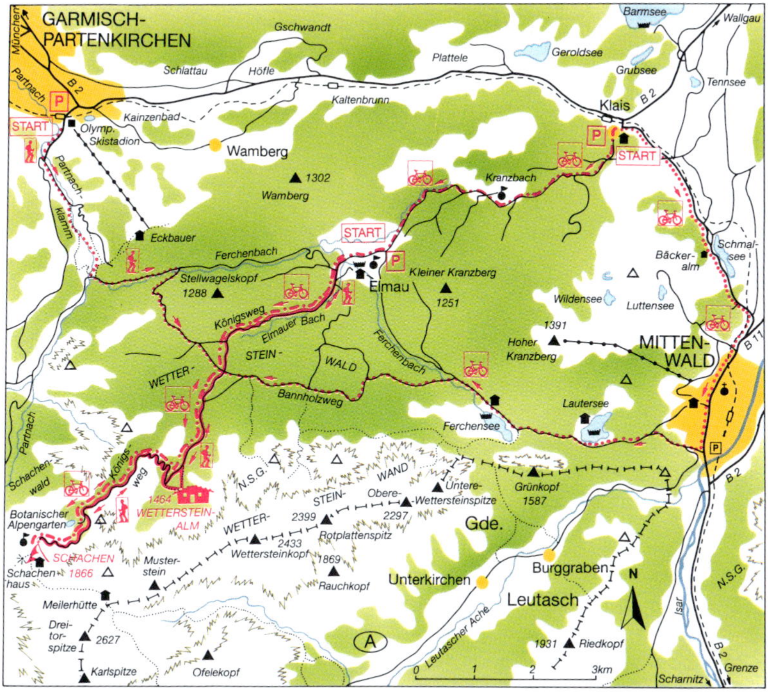
GARMISCH-
PARTENKIRCHEN
München
Partnach
B 2
START
Olymp. Skistadion
Kainzenbad
Schlattau
Höfle
Gschwandt
Kaltenbrunn
Plattele
Geroldsee
Barmsee
Wallgau
Grubsee
Tennsee
Klais
START
Wamberg
1302
Wamberg
Kranzbach
Partnach-klamm
Eckbauer
START
Ferchenbach
Stellwagelskopf
1288
Elmau
Kleiner Kranzberg
1251
Bäcker-alm
Schmal-see
Wildensee
Luttensee
1391
Hoher Kranzberg
MITTEN-WALD
B 11
Königsweg
Elmauer Bach
STEIN-
WALD
Ferchenbach
WETTER-
Bannholzweg
Lautersee
Ferchensee
Partnach
Schachen-wald
Königs-weg
N.S.G.
WAND
Grünkopf
1587
Untere-
Obere-
Wettersteinspitze
STEIN-
2297
2399
1464
WETTERSTEIN-ALM
WETTER-
Rotplattenspitz
Gde.
Botanischer Alpengarten
2433
Wettersteinkopf
1869
SCHACHEN
1866
Schachen-haus
Muster-stein
Rauchkopf
Unterkirchen
Burggraben
Leutasch
N
N.S.G.
Meilerhütte
Dreitor-spitze
2627
Karlspitze
Ofelekopf
A
Leutascher Ache
0
1
2
3km
1931
Riedkopf
Isar
B 2
Grenze
Scharnitz

Wanderweg von Elmau – vierspännig zu seinem orientalischen Adlerhorst hinaufkutschieren. Etwas unterhalb des Schlosses befindet sich der ebenfalls sehenswerte botanische Alpengarten.

Wanderung

Leider zählen die Wettersteinalm und sogar der Schachen an manchen Tagen fast mehr Bergradler als Wanderer. Aber von welcher Seite man es auch versucht, es gibt hier kein »Reservat für Bergwanderer« mehr. Auf längere Strecken bikefrei ist es von Garmisch-Partenkirchen her durch die Partnachklamm, die Forststraße am Ferchenbach ostwärts und dann auf beschildertem Weg südlich aufwärts Richtung »Wettersteinalpe/Schachen/Meilerhütte«. Das wären allerdings allein schon ca. 3 ¹/₂ Stunden Aufstieg zur Alm. Ungefähr genauso lang ist der Anmarsch auf den breiten Forststraßen von Mittenwald über Lautersee, Ferchensee und Bannholzweg. Machen wir also ausnahmsweise mit den Bergradlern gemeinsame Sache und nehmen ab dem Wanderparkplatz Elmau die gut beschilderte, geschotterte Zufahrtsstraße durch schattigen Bergwald, zumal sie recht breit und übersichtlich ist, was ein problemloses Ausweichen gewährleistet. Zunächst wandern wir den Schachenweg südwestlich am Elmauer Bach entlang, der bald durch einen gischtenden Wasserfall beeindruckt. Dann geht es auf dem Königsweg südwärts und bei der Wegegabelung, wo man rechts zum Schachen abbiegt, geradeaus in den weiten Wiesenkessel der Wettersteinalm hinein (ca. 1 ¹/₄ Stunden). Es wäre aber schade, den 1 ¹/₂ stündigen Aufstieg auf nun schmälerem und etwas steilerem Weg zum Schachen nicht dranzuhängen – das Lockmittel dazu ist allerdings weniger das Schloß oder das Unterkunftshaus, als vielmehr die einfach überwältigende Aussicht!

Biketour

Mountainbiker fahren bereits ab Klais, beim Kapellchen nahe dem Bahnhof, die Straße nach Elmau hinter, um von dort dann über den oben beschriebenen Schachenweg und den Königsweg zur Wettersteinalm zu gelangen. Wer den nun mühsamer und steiler werdenden Weg nicht scheut, plagt sich auch noch zum Schachen hinauf (zusätzlich ca. 9 km hin und zurück).

Eine lange, aber unschwere Rundtour ergibt sich, wenn man die Anfahrt von Mittenwald über Lautersee und Ferchensee nimmt und bald danach an einer beschilderten Gabelung nach links über den Bannholzweg, eine breite, geschotterte Forststraße mit nur geringem Auf und Ab, westwärts bis zur Einmündung in den Königsweg rollt (bis hierher leicht). Anschließend geht es wie beschrieben links hinauf zur Wettersteinalm. Später genießt man dann eine schöne Abfahrt nach Elmau und weiter hinaus nach Klais, von wo man auf der Fahrstraße zum Ausgangspunkt zurückkehrt.

Großherzogliches Jagdgebiet am Frein

Gehzeit/Länge
Wanderung = ca. 4 $\frac{1}{4}$ Stunden. –
Biketour = ca. 14 Kilometer, schwierig.

Ausgangspunkt
An der E 533 nördlich kurz vor Mittenwald, gegenüber dem Campingplatz bei der Seinsbachbrücke (Bushaltestelle), Parkmöglichkeit.

Karten
(1 : 50 000) KOMPASS Nr. 6 Walchensee – Wallgau – Krün; Nr. 16 Karwendelgebirge. – Bayer. Landesvermessungsamt Gebietskarte Karwendelgebirge – Werdenfelser Land.

Fereinalm
Für diese Alm existieren zwei Schreibweisen. Auf den Hinweisschildern entlang der Wanderwege findet man sowohl den Namen Fereinalm als auch Vereinalm (völlig falsch ist hingegen Vereinsalm). Bezüglich des Namens Verein meinen die einen Wissenschaftler, er leite sich von »Vorein« = »vorago«, »voragine«, das bedeutet soviel wie Strudel, Abgrund, ab – eine These, die durchaus mit den dortigen landschaftlichen Gegebenheiten in Einklang zu bringen ist. Ebenso wie die zweite, daß nämlich der Name vom rätoromanischen »verrinare« = durchlöchern, zerfressen, herrühre. Ferein – so die ortsübliche und auch in den topographischen Karten geführte Bezeichnung – kann ebenfalls vom rätoromanischen Frein = Bruch, Rutsch abgeleitet werden. Und »am Frein« ist auch die seit Jahrhunderten bei den Einheimischen übliche Ortsbezeichnung. Soviel zur Erläuterung des Alm-Doppelnamens. Weit interessanter jedoch ist die Almhistorie. Eine erste Urkunde stammt bereits von 1536. Nach wechselnden einheimischen Besitzern hat 1852 ein Graf Albrecht von Papenheim den Frein erworben. 1868 pachtete dann Großherzog Adolph von Nassau das gesamte riesige Jagdrevier inklusive Frein und Soierngebiet, ließ eigens eine Bergstraße anlegen und 1869 ein imposantes Jagdschloß erbauen – das allerdings 1877 durch eine Lawine zerstört wurde. Doch der Großherzog gab nicht auf und errichtete auf dem Frein gar ein ganzes Dorf, bestehend aus 23 Gebäuden: Almhütte mit Stallung, Wirtshaus, Jagdhaus, Damenhaus, Kavaliershaus, Säge, Mühle, Bäckerei, Küche, Jägerhütte und, und und. Die feudalen Jagdgesellschaften, die hier abgehalten wurden, brachten aber auch den Einheimischen zusätzliche Verdienstmöglichkeiten als Wegarbeiter, Treiber; dazu waren 15 Jäger und Jagdgehilfen das ganze Jahr über angestellt. Noch heute kann man die langen ausgeschnittenen Treibgassen durch

die Latschen erkennen, durch die Hirsche und Gemsen den hochwohllöblichen Jagdgästen direkt vor die Flinten getrieben wurden. Von dem einstigen Dorf sind gerade noch fünf Hütten erhalten, darunter die Fereinalmhütte (1410 m, »Jägerhaus Vereinalm«), wo der Wanderer bei der freundlichen Familie Klotz auf eine Brotzeit, einen Teller Suppe oder auch Kaffee mit hausgemachtem Kuchen zukehren kann; für kühlere Tage gibt es ein gemütliches Stüberl. Und auf dem weiten, sonnigen Wiesengelände unter den hohen, witterungszerfressenen Bergkämmen von Wörner und Soiernspitze weiden an die 40 Schwarzbunte (Rasse Holstein-Frisian, eine seltene hornlose Züchtung) des Münchner Bankiers Finck, der alljährlich seine Großstadtkühe auf den Frein in die »Sommerfrische« schickt. Eine seltene Entdeckung macht man am Wiesenhang hinter der Hütte: Hier steht ein Bienenhaus. In früheren Jahrhunderten hat man oft Bienenkörbe auf die Almen befördert – und zwar damals noch recht mühselig mit der Kraxe auf dem Rücken. Die würzigen Bergblumen und -kräuter ergaben dann einen besonders aromatischen und gesunden Honig.

Wanderung

Gleich an der Seinsbachbrücke beginnt die Forststraße hinauf zur Fereinalm (sie heißt zwar Fereiner Straße, ist aber für den öffentlichen Kfz-Verkehr gesperrt). Die breite, gut ausgebaute Trasse zeigt schon auf den ersten Kilometern, daß sie einiges an Steigung zu bieten hat. Rechts unten läßt sich der Seinsbach vernehmen, und nach ca. $^1/_4$ Stunde zweigt rechts ein Weg Richtung »Aschauer Alm« ab, dem wir folgen. Geradeaus haltend, nun kurz eben, gelangen wir entlang dem Isartaler Rundwanderweg zur kleinen Aschauer Kapelle und durchqueren nach links das Wiesengelände der Aschauer Alm (die langjährige Ausflugswirtschaft existiert nicht mehr). Anschließend stoßen wir auf einen Weg, den sogenannten Jägersteig, der nach links hinaufzieht. Zunächst noch breit, macht er später seinem Namen alle Ehre und führt uns im Einbahnverkehr durch den

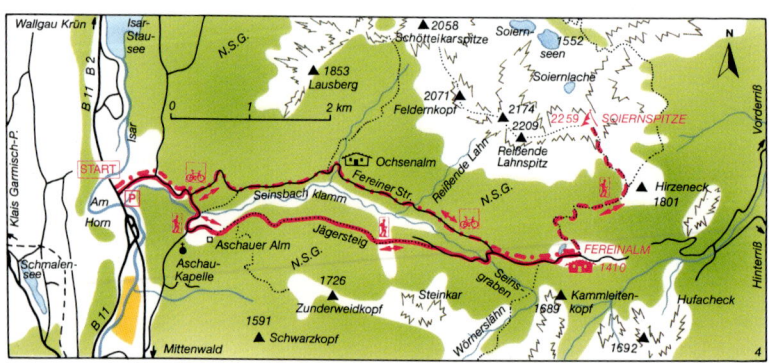

schattigen Hangwald hoch über dem Einschnitt des Seinsbachs aufwärts. Dabei passieren wir drei kleine romantische Wasserfälle und müssen auch schon mal – völlig ungefährlich – ein paar Bretter- steige überqueren. Dann wird der Weg wieder komfortabler, und wenn man das breite, ausgetrock- nete Kiesbett des Seinsgrabens durchschritten hat, stößt man bald darauf auf die Fereiner Straße, auf der man – nun zusammen mit den Mountainbikern im Endspurt – schnell die Fereinalm erreicht (ca. 2 $\frac{1}{4}$ Stunden).

Sofern Sie den Bergradlern (wir haben hier nur rücksichtsvolle und freundlich grüßende Fahrer ange- troffen!) auch auf dem Rückweg entgehen wollen, nehmen Sie wie- der den Jägersteig. Ansonsten wan- dern Sie auf der Fereiner Straße zu Tal, wobei Sie an ein paar Wegkreu- zen und Marterln vorbeikommen.

Die historisch interessante Fereinalm bei Mittenwald vor der Felskulisse des Wörner.

Biketour

Verglichen mit ande- ren Almzufahrts- straßen halten sich die Mountainbiker auf der Fereiner Straße in Grenzen. Kein Wunder: die Strecke ist lang und relativ steil und nur durch wenige ebene bzw. leicht abfallende Passagen unterbro- chen. Zudem ist man häufig der Sonne ausgesetzt.

Soiernspitze

Von der Fereinalm aus läßt sich die aus- sichtsreiche Soiern- spitze (2259 m) über einen unge- fährlichen, aber sehr sonnigen Berg- steig erreichen (Auf- und Abstieg ca. 4 $\frac{1}{2}$ Stunden).

19

Aussichts-balkon Krüner Alm im Ester-gebirge TOUR 5

sommer hinter sich hat. Wie bei ihrem Vorgänger, dem Sepp, den manche passionierte Almwanderer vielleicht noch von früher kennen, bekommt man auch bei der Hanni den beliebten Tiroler Speck, außerdem den hausgemachten Preßsack und dazu Bier und Limonade – nur paradoxerweise keine Almmilch. Die Hanni meint, ihr langen die 90 Stück Jungvieh, und sie mag sich nicht auch noch die zusätzliche Arbeit mit der Milchwirtschaft auftun. Ihre ganz privaten Tiere sind die fürwitzige Geiß Zenzi und der betagte Schäferhund Lux (dessen Almsommer allerdings gezählt sein dürften).

Gehzeit/Länge
Wanderung = ca. 5 Stunden. – Biketour = ca. 17 Kilometer, mittel.

Ausgangspunkt
Wallgau, nahe dem Gasthof Post, Parkmöglichkeit.

Karten
(1 : 50 000) KOMPASS Nr. 5 Wettersteingebirge. – Bayer. Landesvermessungsamt L 8532 Garmisch-Partenkirchen; Gebietskarte Karwendelgebirge – Werdenfelser Land.

Wanderung
Von Wallgau aus gehen wir die Barmseestraße südwestlich bis zur Finzbachbrücke und noch vor ihr

Krüner Alm
Zu dieser beliebten Brotzeitalm im Estergebirge müssen auch die Mountainbiker das letzte steile Stück zu Fuß hinaufsteigen. Doch sie tun dies ohne Murren, denn es hat sich längst herumgesprochen, daß man von der auf 1621 Meter Höhe westlich unterm Krottenkopf gelegenen Krüner Alm einen einmalig schönen Panoramablick hinüber zum Wetterstein- und Karwendelgebirge hat. Zusammen mit der Finzalm, dem Niederleger, ist die Krüner Alm von Mitte Juni bis Ende September bewirtschaftet, wobei die Sennerin Hanni nun auch schon über ein Dutzend Alm-

»Hausberg« der Krüner Alm ist der 2086 Meter hohe Krottenkopf.

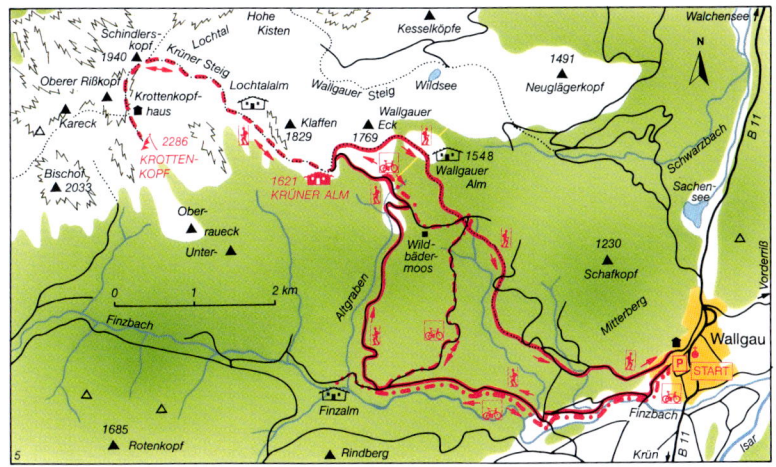

den mit »Finzalm/Krüner Alm«
beschilderten Kiesweg nach rechts.
An der Abzweigung links zur
Finzbachklamm und zum Wasserfall vorbei, bleiben wir weiter geradeaus auf der nun leicht ansteigen-
den, breiten, geschotterten Forststraße. Wo sie einen großen Rechts-
bogen beschreibt, könnte man in
10 Minuten zu der in einem engen
Bacheinschnitt gelegenen Finzalm,
dem Niederleger der Krüner Alm,
weitergehen; doch es lohnt nicht,
weil die Sennerin hier nur sehr sel-
ten anzutreffen ist. Darum steigen
wir an der besagten Rechtskehre
den mit »Waldweg Krüner Alm/
Krottenkopf« ausgeschilderten
Fußweg weiter aufwärts. Er mündet später wieder in die Forststraße
ein, und wir gehen diese so lange
nach links, bis das Schild »Krüner
Alm« rechts in den Hangwald hin-
aufzeigt. Nun folgt der etwa
40 minütige Endspurt auf etwas
steilen, felsdurchsetzten Pfadspu-
ren, weiter oben unter dem Mate-
riallift hindurch – dann steht man

endlich auf der weitläufigen Almhochfläche (ca. 2 3/4 Stunden).
Nachdem wir Brotzeit und Bergpanorama gleichermaßen genossen
haben, gehen wir unseren Aufstiegsweg bis nach der Materialseil-
bahn zurück. Jetzt heißt es aufpassen und dem Schild »Wallgauer
Alm/Wallgau«, das etwas versteckt
an einer hohen Fichte angebracht
ist, nach links folgen. Fast eben
wandern wir dann einen schmalen,
mit rotem Punkt markierten Pfad
am Hang entlang zur aufgelassenen
Wallgauer Alm, wobei wir immer
wieder schöne Ausblicke auf die
Bergkette, zurück zur Krüner
Alm und später hinunter auf den
Kochel- und Walchensee genießen
können.
Nach der Wallgauer Alm beginnt
dann endgültig der Abstieg.
Zunächst auf einem Bergpfad, dann
überqueren wir die Forststraße und
nehmen einen Abschneider geradeaus Richtung »Wallgau«. So geht es
immer weiter: mal ein paar Meter
Forst-, dann wieder Waldweg, bis

wir schließlich die letzten 1 $\frac{1}{2}$ Kilometer auf der Forststraße nach Wallgau hineinlaufen.

Biketour

Bis zur oben beschriebenen großen Rechtskehre verläuft der Weg für Wanderer und Mountainbiker ab der Finzbachbrücke gemeinsam auf der Forststraße. Mit dem Rad geht es die im Schnitt nur mäßig steile, geschotterte Straße weiter aufwärts, wobei

Zur privaten Tierhaltung der Sennerin Hanni auf der Krüner Alm gehören der betagte Schäferhund Lux und die fürwitzige Geiß Zenzi.

allerdings im ersten und letzten Stück etwas größere Steigungen zu überwinden sind. Im oberen Teil sorgt eine kurze Bergabstrecke für Erholung. Später trifft man dann wieder mit den Wanderern zusammen, die über den »Waldweg« heraufkommen, und fährt kurz weiter bis zur »Bike-Endstation«, wo der bereits erwähnte Schlußanstieg zur Krüner Alm beginnt.

Krottenkopf

Bei dieser 5 stündigen Wanderung ist es fraglich, ob man den langen und mühsamen Aufstieg im Nordwest-/Südbogen über den Krüner Steig zum Krottenkopf (2086 m, Unterkunftshaus) noch dranhängen will (Auf- und Abstieg ca. 4 Stunden).

Zur Jocher-Alm über Kochel- und Walchensee

TOUR 6

Gehzeit/Länge

Wanderung = ca. 3 $^1/_2$ Stunden. –
Biketour = ca. 12,5 Kilometer, mittel/schwierig.

Ausgangspunkte

Wanderung = Kesselberghöhe, Parkplatz. –
Biketour = Jachenau, Parkplatz hinter der Gaststätte Schützenhaus.

Karten

(1 : 50 000) KOMPASS Nr. 6 Walchensee – Wallgau – Krün; Nr. 7 Murnau – Kochel – Staffelsee; Nr. 182 Isarwinkel. – Bayer. Landesvermessungsamt L 8334 Bad Tölz; Gebietskarte Bad Tölz, Lenggries und Umgebung.

Jocher-Alm

Die Sage erzählt: Im unergründlichen Walchensee haust ein feueräugiger Riesenwaller, der unter Wasser mit seinem Leib den Kesselberg umklammert, indem er seinen Schwanz mit dem Maul festhält. Und wehe dem Tag, an dem der Schwanz reißt; dann birst der Kesselberg auseinander, und die Wasser des Sees überfluten das ganze Bayernland. – Nun, gar so schlimm wird's wohl nicht werden, und bis jetzt hat sich der Schwanz des Ungeheuers als recht reißfest erwiesen.

Wie auch immer, sollte die Walchensee-Sintflut tatsächlich einmal hereinbrechen, so würde die Jocher-Alm mit als letzte erfaßt werden und somit wie eine Arche Noah auf den Fluten treiben. Diese gernbesuchte Alm auf 1382 Meter Höhe südlich unterm Jochberggipfel gehört zu einem Anwesen in Sachenbach. Sie wird von Mai bis Oktober, genau gesagt von Christi Himmelfahrt bis Kirchweih, bewirtschaftet. Auf der Jocher-Alm weiden ein paar Dutzend Rinder – die Ende September geschmückt abgetrieben werden – sowie mehrere Pferde. Dazu kommen Gänse und eine Schar bunter Hühner mit ihrem stolzen Hahn; und ein Hund paßt auf, daß alles seine Ordnung hat. An schönen Tagen herrscht vor der Hütte Hochbetrieb; Wanderer und Biker stehen dann um die Almbrotzeit – Käsbrot, Suppe, Würstl, Getränke – schier Schlange.

Wanderung

Das Schwierigste bei dieser Almwanderung ist oftmals, einen Parkplatz auf der Kesselberghöhe oder ein Stück weiter unterhalb in Urfeld zu ergattern. Der »Einstieg« ist dann gleich gefunden: Direkt von der Fahrstraße führt ostseitig ein mit »Jochberg« beschilderter Bergpfad ein wenig steil den bewaldeten Hang aufwärts. Nach ca. $^3/_4$ Stunden müssen wir uns an einer Wegegabelung entscheiden: Links geht's zum

Jochberggipfel, rechts direkt zur Jocher-Alm. Ich schlage vor, den linken Weg zu nehmen, das ist nicht recht viel weiter, und der Jochberg gehört bei dieser Wanderung unbedingt mit dazu. Der Gipfel ist schnell und leicht zu ersteigen; nach dem Waldaustritt geht es das letzte Stück über die freie, sonnige Südwestflanke hinauf zum Kreuz in 1565 Meter Höhe. Hier hat man dann mit einem Kopfdrehen gleich zwei ganz hervorragende Aussichten: nach Norden hinunter zum Kochelsee und weit übers Voralpenland bis zur Smoggrenze Münchens und nach Süden auf den Walchensee vor der Kulisse der Karwendelberge. Mit Blickrichtung Walchensee können wir knapp 200 Meter tiefer auch unser Ziel, die Jocher-Alm, im grünen Wiesenkessel liegen sehen. Wegen drohender Erosion springen wir aber nicht geradewegs über die Weide hinunter, sondern gehen kurz den Aufstiegsweg zurück zum Waldrand und hier auf dem Pfad nach links zur Hütte (ca. 2 Stunden).

Für den Rückweg laufen wir zunächst ein kurzes Stück auf der Almzufahrtsstraße, bis ein Waldweg nach rechts abwärts in Richtung »Sachenbach« abzweigt. Auf diesem gelangen wir, anfangs schmal, steinig und etwas steil, im Baumschatten hinunter zum Ortsanfang von Sachenbach. Hier wandern wir dann auf dem verkehrsfreien Teersträßchen in ca. $1/2$ Stunde rechts nach Urfeld zurück. Schön am Walchenseeufer entlang, bieten sich zum kühlenden Abschluß noch einige hübsche Badeplätze an.

Ausblick vom 1565 Meter hohen Jochberg auf den Kochelsee. ▷

Abstieg vom Jochberg zur Jocher-Alm.

Gegenüber dem Hotel/Gasthof Post in Urfeld zweigt schließlich oberhalb in der Straßenkurve ein Fußwegerl ab, das, die Fahrstraße umgehend, zur Kesselberghöhe zurückleitet.

Biketour

In Jachenau, am Parkplatz hinter der Gaststätte Schützenhaus, beginnt die Forststraße Richtung »Kotalm, Kochel, Jochberg«.

Es geht zunächst eben dahin zur Brücke über die Kleine Laine. Hier radelt man links und an der Gabelung nach der Brücke rechts die geschotterte Trasse immer durch Wald mit Steigungen zwischen ca. 10–15 % aufwärts; am Schluß müssen auf kurzen Stichstrecken auch größere Steigungen überwunden werden. Achtung: An der Gabelung nach ca. 4,5 km links halten.

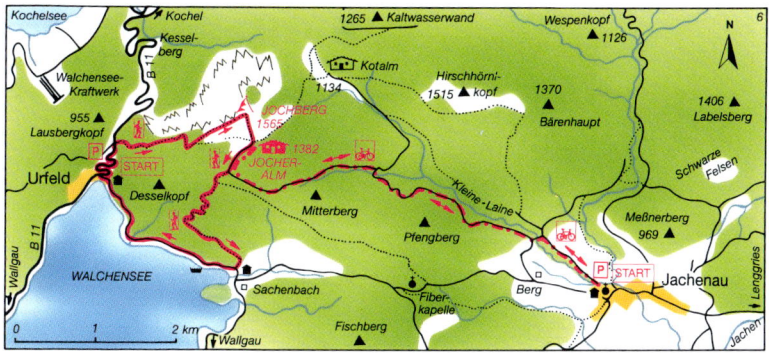

Die Aueralm, ein Wiesseer Wander-schmankerl

Gehzeit/Länge
Wanderung = ca. 3 Stunden –
Biketour = ca. 9 Kilometer,
mittel.

Ausgangspunkte
Wanderung = Parkplatz beim
Berggasthof Sonnenbichl westlich über Bad Wiessee-
Abwinkl. –
Biketour = Wanderparkplatz
etwas unterhalb vom Sonnenbichl an der Söllbachtalstraße
oder wie bei der Wanderung
beim Berggasthof.

Karten
(1 : 50 000) KOMPASS Nr. 8
Tegernsee – Schliersee; Nr. 182
Isarwinkel. – Bayer. Landesver-
messungsamt Gebietskarten
Mangfallgebirge; Bad Tölz –
Lenggries und Umgebung.

**Aueralm
Neuhüttenalm**
Stand Wiessee über
Jahrhunderte völlig
im Schatten des mächtigen Klosters
Tegernsee – 1300 zählte das Dorf
ganze fünf, zum Klostergut
gehörende Anwesen –, so hat es
sich seit Beginn dieses Jahrhunderts
einen eigenständigen, weit über

die Grenzen Bayerns hinaus renom-
mierten Namen gemacht: als Heilbad mit der stärksten jod-schwefel-
haltigen Natriumchlorid-Thermal-
quelle Deutschlands. Sie wurde
1909 bei Erdölbohrungen zufällig
in 676 Metern Tiefe entdeckt.
Doch genau genommen war es
eigentlich wiederum das Kloster,
das schon viel früher in Sachen
Erdöl fündig geworden war, nämlich bereits im Jahre 1441. Damals
bemerkten Mönche am jenseitigen
Ufer des Tegernsees, an der Stelle,
wo heute die Quirinuskapelle steht,
aus dem Boden austretendes Erdöl.
Ein paar Jahrzehnte später wurde
diese Quelle gefaßt und erlangte
als sogenanntes Quirinusöl alsbald
weitum einen heilkräftigen Ruf.
Auch Auer- und Neuhüttenalm
gehen auf Initiativen des Klosters
Tegernsee zurück, das im 16./17.
Jahrhundert die Almflächen roden
ließ. Der urige Kaser der Aueralm,
auf 1269 Meter inmitten einer
weitläufigen Weidefläche gelegen,
hat über die offizielle Almzeit hinaus nahezu das ganze Jahr über für
hungrige und durstige Touristen
geöffnet (Montag Ruhetag, Ende
November bis Weihnachten sowie
im Januar geschlossen). Neben
etwa 20 Rindern werden hier
über den Sommer auch ein paar
Schweine gehalten, die dann später
als Hausmacher-Geräuchertes auf
der Brotzeitkarte stehen. Außerdem
gibt es kleine warme Gerichte,
Milch und alle sonst üblichen
Getränke. Wenn einmal das Wetter
zum Draußensitzen nicht mitspielt,
ist es in der einfachen, niederen
Stube mit Kachelofen und Schieß-

scheiben an den holzverkleideten Wänden auch recht gemütlich. Die Neuhüttenalm (1328 m) ist keine Brotzeitstation; hier weidet das Vieh zumeist »solo«.

In einer guten Stunde wandert man von Bad Wiessee/ Sonnenbichl zur gastlichen Aueralm hinauf.

Wanderung

Sofern Sie eine Rundtour planen, müssen Sie sich bei dieser Wanderung entweder auf dem Auf- oder dem Abstieg wohl oder übel mit den Mountainbikern arrangieren. Ich schlage folgenden Wegverlauf vor: Sie orientieren sich am großen Parkplatz beim Berggasthof Sonnenbichl am Wegweiser »Aueralm«,

überqueren eine Brücke und steigen schön schattig am munteren Zeiselbach entlang aufwärts. Der zunächst asphaltierte Weg geht später in eine Schottertrasse über und wird nach gut der Hälfte Gehzeit etwas steil. Die am Start angegebenen 1 3/4 Stunden unterbietet man spielend, und nach ca. 1 1/4 Stunden ist man gemütlich bei der Aueralm angelangt.

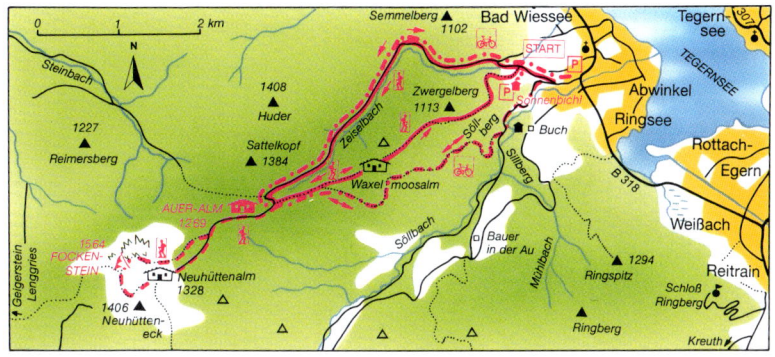

Die Biker streben an der Aueralm vorbei auf die Neuhüttenalm zu.

Für den Rückweg nehmen wir die andere Forststraße, die vom Söllbachtal herauf auf dem Almgelände landet. Zuständig für uns ist nun die Beschilderung »Wiessee über Waxelmoos«. Schon nach ca. ¼ Stunde können wir von der Kiesstraße, auf der die Bergradler heraufkeuchen und hinunterrauschen, links in stillere Gefilde abbiegen. Vorbei an einer Skihütte kommen wir zur kleinen Waxelmoosalm, wo man zwar Jungvieh, aber kein Personal antrifft. Auf einem breiten, recht morastigen Weg (daher der Name Waxelmoos), dann auf Waldpfaden, den Markierungen »F 2« und roter Punkt folgend, geht es weiter abwärts bis zum Sonnenbichl-Skihang. Hier hat man von der Bank beim Lifthäuschen aus noch einen wunderschönen Blick über den Tegernsee, bevor man endgültig zum Parkplatz beim Berggasthof hinunterspringt.

Biketour

Mountainbiker starten entweder ebenfalls beim Berggasthof Sonnenbichl und treten den relativ steilen, teils geteerten, teils geschotterten Weg am Zeiselbach hinauf zur Aueralm. Oder sie beginnen – was empfehlenswerter ist – am Wanderparkplatz an der Söllbachtalstraße, noch unterhalb vom Sonnenbichl links ab. Nach der Brotzeitstation Söllbachklause hält man sich rechts Richtung »Aueralm« und erreicht im leichten bis mittleren Schwierigkeitsbereich, unterbrochen durch ein paar ebene Verschnaufstrecken, über einen geschotterten Forstweg die Alm. Das Ganze läßt sich auch zu einem Rundkurs verbinden.

Fockenstein

Nicht weit von der Aueralm ist es auf unschwierigem Wanderweg geradeaus in westlicher Richtung über die Neuhüttenalm zum Fockenstein (1562 m; Auf- und Abstieg ca. 2 Stunden).

Klassische Almrunde überm Tegernsee

Gehzeit/Länge
Wanderung = ca. 3 Stunden. –
Biketouren (1) Tegernsee –
Neureuth = ca. 6 Kilometer,
schwierig;
(2) Tegernsee – Kreuzbergalm
= ca. 10 Kilometer, mittel;
(3) Hausham – Gindelalm =
ca. 11 Kilometer, mittel/
schwierig.

Ausgangspunkte
Wanderung = Bahnhof Tegernsee, Parkmöglichkeit. –
Biketouren (1) = Bahnhof
Tegernsee, Parkmöglichkeit;
(2) = Tegernsee, Postamt in
der Bahnhofstraße, Parkmöglichkeit;
(3) = Hausham, Tegernseer
Straße, Parkmöglichkeit.

Karten
(1:50 000) KOMPASS Nr. 8
Tegernsee – Schliersee. –
Bayer. Landesvermessungsamt
L 8336 Miesbach;
Gebietskarte Mangfallgebirge.

Neureuth Gindelalm Kreuzbergalm
Diese Namen stehen
für drei nahezu klassische Ausflugs-
ziele an den sonnseitigen Hängen
östlich überm schönen Tegernsee.

In der nachfolgend beschriebenen
Tour werden sie zu einer Rundwan-
derung zusammengefaßt, bei der
sich Wanderer und Biker allerdings
nicht ständig aus dem Weg gehen
können; Rücksicht und Toleranz
sind hier also besonders angesagt.
Am meisten Zulauf – und dies som-
mers wie winters gleichermaßen –
findet »die Neureuth« (1264 m),
eine zünftige Berggaststätte mit
ringsum weidendem Jungvieh. Das
auf einer freundlichen Almlichtung
wie auf einem Sonnenbalkon
gelegene Haus darf sich zu Recht
als »schönster Aussichtspunkt
Tegernsees« bezeichnen (Montag
Ruhetag, von Ende November bis
2. Weihnachtsfeiertag geschlossen).
Bei Föhn reicht der Blick weit über
die Tegernseer Berge zum Karwendel bis hin zum Großvenediger.
»Richtige« Almen, wenn auch
gleichzeitig mit integrierten Brotzeitstationen, sind dagegen die

*Rast an der Kriegergedenk-
kapelle beim Neureuthhaus.*

Bei der Gindelalm beginnt der Übergang zur Kreuzbergalm.

Gindelalm (1242 m) und die Kreuzbergalm (1225 m). Bei ersterer handelt es sich um eine Gemeinschaftsalm von drei Bauern aus Hausham, bei der zweiten um eine Eigentumsalm eines Miesbacher Bauern. Beide sind von Anfang Juni bis Ende September bzw. Kirchweih bewirtschaftet (Kreuzbergalm Montag Ruhetag).

Wanderung

Vom Bahnhof Tegernsee gehen wir die Neureuthstraße aufwärts, der man nach der Volkshochschule auf einem parallel verlaufenden Fußweg ausweichen kann. Später überqueren wir dann die Straße und steigen einen schmalen Treppen-

weg weiter aufwärts. Dem Schild »Westerhofweg« und der roten Punkt-Markierung folgend geht es auf schmalen Pfaden an der Westerhofklinik vorbei und, einige Sträßchen abschneidend, schließlich in einen breiteren Waldweg hinein. Von diesem rechts ab, entsprechend dem Wegweiser »Neureuth«, wandern wir schließlich durch Wald aufwärts und gelangen zum Schluß auf einem Wiesenpfad über die Almhochfläche zum Neureuthhaus mit Kriegergedenkkapelle und kleinem, verwildertem Alpinum (ca. 1 Stunde).

Weiter geht's geradeaus (östlich) entsprechend den Wegweisern »Schliersee/Gindelalm« auf einem fast ebenen Weg entlang der Gindelalmschneid in ca. $^1/_2$ Stunde zur Gindelalm. Hier wimmelt es nur so von Bikern, die die Straße von Hausham heraufkommen. (Auf der

Gindelalmschneid haben sie allerdings nichts zu suchen, da es sich hier um einen ausschließlichen Wanderweg handelt; genauso ist es mit dem Übergang zur Kreuzbergalm, einem reinen Almgelände. Jedoch halten sich nicht alle Bergradler an diese ungeschriebenen Gesetze; auch werden besagte Wege in einigen Tourenbüchern als Mountainbike-Routen empfohlen.) Von der Gindelalm führt uns ein ausgeschilderter Pfad nun südwärts über Wiesenbuckel aufwärts/abwärts/aufwärts in einer weiteren $^1/_2$ Stunde zur Kreuzbergalm. Wer die Rundtour ganz ausgehen möchte, muß für den Rückweg jetzt wohl oder übel zusammen mit den Bikern die Zufahrtsstraße benützen, die durchs schöne Alpbachtal abwärts lenkt. Im Tal trifft man dann über Prinzenweg und Max-Joseph-Straße wieder auf die Bahnhofstraße und erreicht nach rechts schnell den Ausgangspunkt.

Biketouren

Um dem Grundgedanken dieses Buches treu zu bleiben, sollten die Bergradler das jeweilige Almziel über die betreffenden Zufahrts- bzw. Forststraßen ansteuern. Beim Neureuthhaus sind dies die relativ steile Neureuthstraße bis zur Berggaststätte Lieberhof und anschließend der beschilderte, nicht weniger steile sogenannte Winterweg (Rodelbahn). Die Zufahrt zur Gindelalm erfolgt von der Tegernseer Straße in Hausham über die Alpenstraße, durch Rain und Moosrain und dann auf der für den Kfz-Verkehr gesperrten Teerstraße, die nach oben zu immer steiler wird. Die Kreuzbergalm schließlich erreicht man von Tegernsee über Bahnhofstraße, Max-Joseph-Straße, Prinzenweg und anschließend auf der geschotterten Forststraße im mittleren Steigungsbereich.

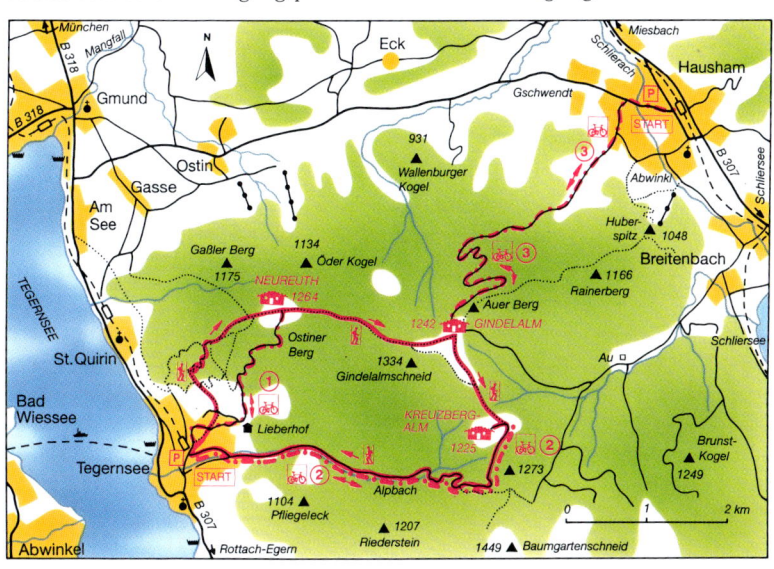

»Kurweg« von Wildbad Kreuth nach Sieben- hütten

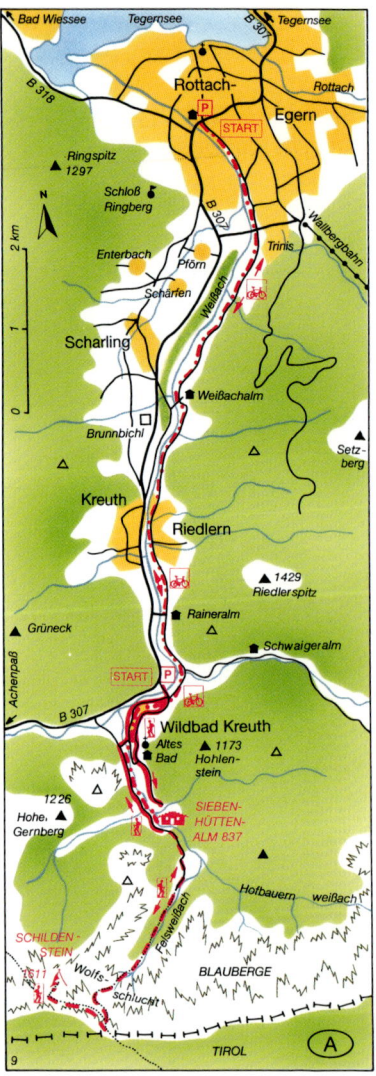

Gehzeit/Länge

Wanderung = ca. 1 Stunde. – Biketour = ca. 20 Kilometer, leicht.

Ausgangspunkte

Wanderung = Großparkplatz Wildbad Kreuth/Schwaigeralm ca. 2 km südlich von Kreuth an der B 307. – Biketour = Weißachbrücke in Rottach-Egern/Ortsteil Weißach, Parkmöglichkeit.

Karten

(1 : 50 000) KOMPASS Nr. 8 Tegernsee – Schliersee. – Bayer. Landesvermessungsamt L 8336 Miesbach; Gebietskarten Mangfallgebirge; Bad Tölz – Lenggries und Umgebung.

Wildbad Kreuth Siebenhüttenalm

Zusammen mit dem säkularisierten Tegernseer Kloster erwarb König Max I. Joseph von Bayern im Jahre 1817 auch die Kreuther Badeanlagen. Dieses alte Mönchs- und Bauernbad wurde von einer aus dem Hohlenstein entspringenden, heute noch sichtbaren Schwefelquelle gespeist und diente bereits im Spät-

mittelalter als Heilbad. 1511 ließ der Tegernseer Abt Heinrich V. hier ein erstes Badhaus errichten. 1698 erneuerte Abt Bernhard Wenzl dieses Badhaus – das heutige Alte Bad (Gaststätte) – und erbaute daran anschließend die ebenfalls noch bestehende Heilig-Kreuz-Kapelle. Die »Neuzeit« von Wildbad Kreuth begann in der ersten Hälfte des 19. Jahrhunderts. Zwei neue Badhäuser für Schwefel- und Molkekuren entstanden, die bereits 1832 120 Gästezimmer, die große offene Wandel- und Trinkhalle, einen klassizistischen Kursaal und weitere Repräsentationsräume aufwiesen (heute Tagungsstätte der Hans-Seidl-Stiftung). Für die königliche Familie reserviert war ein eigenes Wohnhaus mit Nebengebäuden (Kavaliershaus, links etwas zurückgesetzt). Das Neue Wildbad Kreuth wurde zum Anziehungspunkt für illustre Kur- und Sommergäste, darunter Potentaten und hochrangige Persönlichkeiten aus ganz Europa. Zum »Kurprogramm« gehörten auch Ausflüge zu den umliegenden Almen, wobei die Gäste vor allem auch den kurzen Spaziergang nach Siebenhütten unter ihre dünnen

Schuhsohlen nahmen – noch lieber ließen sie sich allerdings per Pferd oder Muli hinführen.

Die Siebenhüttenalm stand ursprünglich im Eigentum von sieben Bauern aus Pförn, von denen jeder seine Hütte besaß; drei davon existieren noch und dienen heute gleichermaßen der Alm- und Gastwirtschaft. In der oberen Hütte kann man von Pfingsten bis Mitte Oktober Getränke, kleine warme Gerichte und Brotzeiten sowie Kaffee und Auszog'ne bekommen.

Die romantische Brotzeit-Oase der Siebenhüttenalm ist von Wildbad Kreuth aus in einem ¼stündigen Spaziergang zu erreichen.

Wanderung

Für diese wahrlich kinderleichte Wanderung gehen wir vom Parkplatz zunächst die Teerstraße zum bildschön auf einem Wiesenplateau gelegenen Wildbad Kreuth hinauf. Wir spazieren zwischen Neuem und Altem Bad geradeaus hindurch, überqueren das schwefelhaltige, rostbraune einstige Heilbächlein und folgen dem Schild »Siebenhütten«. Es geht in ein Wäldchen und dann auf einem ausgewaschenen Naturweg abwärts in den Taleinschnitt, den sich die wilde Hofbauernweißach gegraben hat. Hier liegt die romantische kleine Brotzeit-Oase der Siebenhüttenalm (knapp $1/2$ Stunde).

Für den Rückweg überqueren wir die Brücke und wandern auf dem breiten Kiesweg, der genügend Platz für Fußgänger und Radler läßt, immer links neben dem Fluß talaus. Sein quirliges Gebirgswasser hat ein paar herrliche Gumpen ausgewaschen, die zum Kneippen animieren; Kinder können gefahrlos an den seichteren Stellen weiter unten im Wasser plantschen. Wenn unser Weg später in eine Forststraße einmündet, laufen wir nach rechts, über eine Brücke und dann links (rechts gibt es in der Fischzucht leckere frisch geräucherte Forellen zu kaufen) zum Ausgangspunkt zurück.

Biketour

Um lediglich die nur leicht ansteigende Forststraße ab der Weißachbrücke nach Siebenhütten hinaufzufahren, wäre es kaum die Mühe wert, daß man überhaupt aufs Fahrrad steigt. Darum sollte man lieber ein bißchen mehr Anlauf nehmen und ein Stück weit weißachabwärts, in Rottach-Egern/Weißach, starten. Die Hofbauernstraße am Fluß entlang, durch die Unterführung unter der Wallbergstraße hindurch und die Weißachaustraße geradeaus kommt man beim Wallberg-Sanatorium auf einen ebenen Fuß-/Radweg, der durch eine schöne Auenlandschaft nach Kreuth führt. Hier folgt man dem Wegweiser »Schwaigeralm« und gelangt kurz vor dieser Ausflugsgaststätte, rechts über ein Brückchen, an die große Weißachbrücke, den Ausgangspunkt der Wanderroute. Der Beschilderung »Siebenhütten« entsprechend geht es geradeaus durch den Auwald und dann links, erst zum Schluß ein bißchen mehr ansteigend, zur Siebenhüttenalm hinauf.

Schildenstein

Wie von der Königsalm (siehe Tour 10) kann der Schildenstein (1611 m) auch von Siebenhütten aus bestiegen werden. Dieser Weg ist allerdings nur etwas für geübte, trittsichere Bergwanderer. Es geht beschildert südwärts über die Königshütte und an der Felsweißach entlang zur Wolfsschlucht. Hier beginnt ein drahtseilgesicherter Steig; der Rest zum Gipfel ist wieder freies Gehgelände (Auf- und Abstieg ca. 5 Stunden).

Die Königsalm – eine hochherrschaftliche Alm unterm Schildenstein

Gehzeit/Länge
Wanderung = ca. 2 ¾ Stunden. –
Biketour = ca. 6 Kilometer, mittel/schwierig.

Ausgangspunkt
Parkplatz Winterstube an der B 307, ca. 2,5 km westlich der Abzweigung nach Wildbad Kreuth.

Karten
(1 : 50 000) KOMPASS Nr. 8 Tegernsee – Schliersee. – Bayer. Landesvermessungsamt L 8336 Miesbach; Gebietskarten Mangfallgebirge; Bad Tölz, Lenggries und Umgebung.

Königsalm Geißalm
Star unter den vielen schönen Almen im Großraum Tegernsee ist zweifellos die Königsalm, südwestlich von Wildbad Kreuth auf 1115 Meter Höhe zu Füßen von Schildenstein und Blaubergen gelegen. Die Kaserei, das sogenannte Kavaliershaus von 1818, gilt in seiner Bauweise als einmalige Rarität im gesamten bayerischen Alpenraum.

Vielbesucht ist alljährlich der traditionelle Königsalmkirta; im Hintergrund das Kavaliershaus von 1818.

Es ähnelt einem Schweizer Haus, hat ein gemauertes Erdgeschoß und ein Obergeschoß in Blockbauweise mit großen Fenstern und Balkon. Auch der vis-à-vis stehende hölzerne Stall mit traditionellem

35

Legschindeldach ist mit seinen 46 Metern Länge ein Superlativ. Das alles sowie auch der Name lassen schon darauf schließen, daß es sich bei dieser Alm nicht um eine gewöhnliche, sondern um eine hochherrschaftliche Alm handelt. Bereits zu Zeiten des Klosters Tegernsee wurde sie als Ochsenalm betrieben. Damals hieß sie allerdings noch Klambach- oder Kaltenbrunner Alm, nach dem gleichnamigen Gut bei Gmund. 1817

Nach dem Melken verlassen die Kühe wieder den Stall und suchen die weitläufigen Weidegründe der Königsalm auf.

erwarb dann König Max I. Joseph die früheren Klosterbesitzungen und ließ auf der Königsalm Kühe und Kälber sömmern. Heute gehört sie Herzog Max in Bayern, der seine prachtvollen Haflinger von

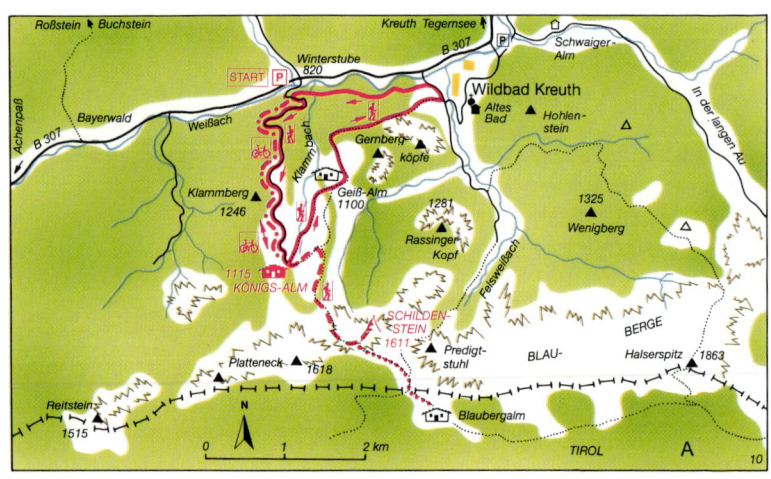

Wildbad Kreuth zur Sommerfrische hinaufschickt. Außerdem weiden auf dem weitläufigen Gelände vom 10. Juni bis zum letzten Wochenende im September an die 100 Rinder; dann muß wegen der Hirschbrunft und allgemeiner jagdlicher Interessen abgetrieben werden. Während dieser Zeit kann man auf der Königsalm auch mit Milch und anderen Getränken, Speck- und Käsbroten rechnen (Dienstag Ruhetag). Eine besondere Attraktion ist alljährlich im September der Königsalm-Kirta.

Die Geißalm (1100 m) hingegen ist privat verpachtet und keine Brotzeitstation. Früher einmal wurden hier Ziegen gehalten, deren gesundheits- und schönheitsfördernde Milch an das Kreuther Kurbad ging, wo man 1822 auch die Ziegenmolkekur nach Appenzeller Vorbild übernommen hatte.

 Wanderung

Wer als Wanderer eine Rundtour gehen möchte, muß wohl oder übel für den Aufstieg (oder Abstieg) den auch von Bikern befahrenen guten, schattigen Zufahrtsweg – im unteren Teil im Winter eine Rennrodelbahn – akzeptieren. Am besten starten wir am Wanderparkplatz bei der Weißachbrücke, folgen immer der Beschilderung – nach der Brücke erst rechts, dann nach links aufwärts – und können uns schon ca. 1 Stunde später die Brotzeit auf der Königsalm schmecken lassen.

Wer den Schildenstein nicht »mitnehmen« will, orientiert sich

für den Retourweg an der rückwärtigen Schmalseite des Stalles an den Schildern »Geißalm« und »Bad Kreuth« und folgt – nun bikefrei – dem schmalen Wiesenweg. Dann geht es über einen Bach und drüberhalb den Hang hinauf. Oben wandern wir nun mit sehr schönem Blick auf Roß- und Buchstein, Hirschberg und Leonhardstein auf einem breiteren Weg nach links in ca. 20 Minuten zur Geißalm hin. Im Linksbogen weiter, tauchen wir bald danach in Waldschatten ein und münden schließlich in eine Forststraße. Rechts ginge es nach Wildbad Kreuth; wer zum Parkplatz zurück muß, spaziert nach links, parallel zur Bundesstraße und zur Weißach, wobei einem nun wieder Radler begegnen.

 Biketour

Für die Auf- und Abfahrt benützen Bergradler die oben beschriebene geschotterte Forststraße zur Königsalm, deren Steigungen im mittleren bis schwierigen Bereich liegen.

 Schildenstein

Bei dieser kurzen Almtour ist der Schildensteingipfel (1611 m) fast ein Muß: Von der Königsalm geht es beschildert geradeaus über den Bach und dann auf schattenlosem Bergpfad über Weidehänge steiler aufwärts bis knapp unter den Gipfel; das letzte Stück zum höchsten Punkt ist ein blockiger Felssteig (Auf- und Abstieg ca. 2 Stunden).

Um den Roß- und Buchstein zur Schwarzentenn

Gehzeit/Länge

Wanderung = ca. 4 $\frac{1}{4}$ Std.
Biketouren (1) Fleck – Röhrlmoosalm = ca. 6,5 Kilometer,
mittel; (2) Röhrlmoosalm –
Roßsteinalm = ca. 3 Kilometer,
schwierig; (3) Bad Wiessee –
Schwarzentennalm =
ca. 8 Kilometer, leicht;
(4) Kreuther Tal/Winterstube
– Schwarzentennalm =
ca. 4 Kilometer, leicht.

Ausgangspunkte

Wanderung = Bus-H. Forsthaus,
westlich von Bayerwald an der
B 307, Parkmöglichkeit. –
Biketouren (1) und (2) = Leng-
gries-Fleck, Kirchlein neben
dem Alpengasthof zum Papyrer
an der B 13, Parkmöglichkeit;
(3) und (4) = Bad Wiessee,
Söllbachtalstraße/Wanderpark-
platz auf halber Höhe links;
oder Wanderparkplatz bei der
Bushaltestelle Winterstube,
westlich von Wildbad Kreuth
an der B 307.

Karten

(1 : 50 000) KOMPASS Nr. 8
Tegernsee – Schliersee; Nr. 182
Isarwinkel. – Bayer. Landesver-
messungsamt Gebietskarten
Mangfallgebirge; Bad Tölz,
Lenggries und Umgebung.

Röhrlmoosalm Schwarzentenn-alm

Gleich drei schön-
gelegene Almen kann man sich mit
dieser leichten Tour um den Roß-
und Buchstein und in den Schwar-
zenbachgraben südlich unterm
Hirschberg erwandern. Zwei davon,
die Röhrlmoos- und Schwarzentennalm, sind zudem gernbesuchte
Brotzeitstationen. Während auf der
kleinen Röhrlmoosalm (1100 m)
der Senn im Einmannbetrieb an
schönen Tagen kaum nachkommt
mit dem Würstlwarmmachen und
Bierausschenken, handelt es sich
bei der Schwarzentennalm (1027 m)
um eine große Gemeinschaftsalm
von vier Wiesseer Bauern, zu der
auch ein g'standenes Berggasthaus
gehört, in dem die Wirtsfamilie oft
zum »Hoamgarten« aufspielt. In
dem malerischen, weiten, aber
etwas sumpfigen Taleinschnitt weiden von etwa Anfang Juni bis Ende
September über 100 Rinder und
werden im Herbst geschmückt zu
den Heimathöfen abgetrieben. Öffnungszeiten: Röhrlmoosalm 1. Juli
bis Ende Oktober, Dienstag Ruhetag; Berggasthof Schwarzentennalm
ganzjährig, von Mai bis Oktober
Dienstag und Mittwoch Ruhetage.

Wanderung

Nahe der Bushaltestelle
Forsthaus folgt man dem
schmalen, ein wenig stei-
nigen und mit rotem Punkt markierten Weg durch den Bergwald
aufwärts, links begleitet vom munteren Schliffbach. Bereits nach
40 Minuten ist die kleine Röhrl-

moos-Almhütte erreicht, und damit treffen wir auch mit den ersten Mountainbikern zusammen, die auf der Forststraße links von Fleck heraufschnaufen. Wir können aber der nach rechts in Richtung Roßstein- und Amperthalalm weiter aufwärts ziehenden Fahrpiste noch

Die Röhrlmoosalm wird sowohl von Lenggries als auch aus dem Kreuther Tal angesteuert. ▽

ein gutes Stück ausweichen, indem wir parallel zu ihr dem schmalen, rot markierten Wiesen-/Waldweg folgen, der erst weiter oben in die Straße einfädelt. Nach insgesamt ca. 1 Stunde Gehzeit haben wir schließlich, rechts ab, die Roßsteinalm (1450 m) erreicht, wo man allerdings außer hin und wieder einem Becher Milch nichts bekommt. Als Ersatz dafür genießen wir einen wunderschönen Bergblick.

Dann springen wir bei den hinteren Hütten den schmalen Weg ostwärts hinunter in den Wiesenkessel und weiter zur Buchsteinhütte (1260 m, Berggaststätte, Mittwoch Ruhetag). Die Zufahrtsstraße bringt uns nordöstlich hinunter in das schmale Tal des Schwarzenbachs, das wir bei einer Wegekreuzung mit Markierungstafeln und Bänken betreten. Hier geht es später auf dem »Fußweg nach Kreuth« rechts weiter. Doch zuvor lohnt sich der ¼stündige Abstecher – geradeaus und dann auf der Forststraße nach links – zur Schwarzentennalm. Dann

Die Schwarzentennalm ist besonders bei den Mountainbikern beliebt.

kehren wir wieder um und wandern den besagten »Fußweg nach Kreuth« schön beschaulich am Schwarzenbach entlang zur B 307 hinaus. Dort erwischen wir entweder wochentags gerade einen Bus, oder wir gehen drüberhalb der Straße an der Weißach entlang, bis der Fuß-/Radweg kurz vor Glashütte in die B 307 einmündet.

Biketouren

Das Bergradler-Mekka in diesem Gebiet ist zweifellos die Schwarzentenn. Kein Wunder, denn mit durchschnittlich nur ca. 8 – 10 % Steigung und vom Kreuther Tal herauf gar mit längeren flachen Passagen können sich diese Tour auch Anfänger zutrauen. Wie's beliebt, entscheidet man sich für die breite, geschotterte und durchwegs ausgeschilderte Forststraße aus dem Kreuther Tal (ca. 4 km) oder von Bad Wiessee (ca. 8 km, im unteren Teil geteert). Die Röhrlmoosalm wird von Fleck, südlich von Lenggries, angefahren. Hier hat man es mit einer Asphaltpiste mit mittleren Steigungswerten zu tun. Weiter aufwärts zur Roßstein- und Amperthalalm wird's dann auf Schotter allerdings steiler.

Roßstein

Ab der Roßsteinalm kann man südlich auf beschildertem Weg unschwierig zur Tegernseer Hütte und über den sogenannten Altweibersteig zum Roßsteingipfel (1697 m) hinaufsteigen (Auf- und Abstieg ca. 2 ¼ Stunden).

Rettenbäck- und Freudenreichalm zu Füßen der Boden- schneid TOUR 12

Gehzeit/Länge

Wanderung = ca. 3 ½ Stunden. –
Biketour = ca. 11 Kilometer ab
»Hennerer«, leicht/mittel.

Ausgangspunkte

Wanderung = Kühzagl, Zufahrt
von Rottach-Egern über Nördliche Hauptstraße, Ludwig-Thoma-Straße, in Ellmau links
Richtung »Kalkofen/Kühzagl«,
parken beim Kapellchen. –
Biketour = Schliersee-Westenhofen, am Bahnübergang,
Parkmöglichkeit; oder 2 km
weiter südwestlich am Wanderparkplatz beim »Hennerer«.

Karten

KOMPASS Nr. 8 Tegernsee –
Schliersee. – Bayer. Landesvermessungsamt L 8336 Miesbach; Gebietskarte Mangfallgebirge.

eine stattliche Privatalm, die auf
das Jahr 1796 zurückgeht. Lange
Zeit wurde sie von der heutigen
Altbäuerin Annelies Bartl betreut.
Sie war es auch, die mir vor vielen
Jahren dankenswerterweise einen
ersten praktischen Anschauungsunterricht in Sachen Almleben
angedeihen ließ – vom Ausmisten
bis zum Zentrifugieren. Heute
kommt es hier, wie auch auf vielen
anderen Almen, öfter mal zu einem
Personalwechsel. In den letzten
Jahren haben sich eine Dorfhelferin
und eine gelernte Kinderkrankenschwester abgewechselt und über
den Sommer die etwa drei Dutzend
Rinder betreut. Tradition auf der
Rettenbäckalm ist seit Generationen das Aufkranzen beim Almabtrieb, und wie eh und je nehmen
auch heute noch Mensch und Tier
den fast einen ganzen Tag dauernden anstrengenden Fußmarsch über
Hausham bis zum Heimathof in
Festenbach bei Gmund auf sich.
Wie die Rettenbäckalm ist auch die
etwas niedriger (1260 m) gelegene
und deshalb vor allem von Bikern
lieber angesteuerte Freudenreichalm von Mitte Juni bis ca. 20. September bewirtschaftet. Auf beiden
Almen bekommt man Milch und
sonstige Getränke sowie kleine
Brotzeiten. Die Auszog'nen beim
Senner Girgl und seiner Frau auf
Freudenreich haben Tradition.

 **Rettenbäckalm**
Freudenreichalm
Die Rettenbäckalm,
auf 1365 Meter
Höhe direkt neben der Bodenschneidhütte des DAV gelegen, ist

 **Wanderung**
Wir wählen einen Weg,
den schon unsere Vorfahren vor mehr als eineinhalbtausend Jahren als Übergang
vom Tegernseer ins Schlierseer Tal

benützt haben. Das jedenfalls dokumentieren Bronzefibeln (Kleidernadeln), die man in der Umgebung der Kühzaglalm gefunden hat. Vom Kapellchen in Kühzagl folgen wir dem Wanderweg in Richtung »Schliersee/Neuhaus/Bodenschneid«, kommen bald in schattigen Wald hinein und steigen, etwas steinig, die Rodelbahn am Bach entlang zügig aufwärts zur Kühzaglalm (ohne Personal). Rechtshaltend an ihr vorbei durch die Wiese und dann wieder auf bezeichnetem Weg durch den Wald weiter aufwärts bis zur Einmündung in die querende Forststraße, über welche die Bergradler durch das Tufftal herauftreten. Wir wandern die Forststraße nach rechts weiter bis zu einer Gabelung: Links geht es Richtung »Freudenreichalm/Firstalm/Spitzing« und rechts Richtung »Bodenschneid/Rettenbäckalm«. Wir entscheiden uns für den Weg nach rechts aufwärts, nun kurz etwas strenger, dann treten wir aus dem Wald heraus und durchqueren die weitläufigen Weidegründe, vorbei an der links gelegenen Raineralm (Milch), hinauf zur Rettenbäck-

alm (ca. 1 ¹/₂ Stunden). Wem die einfache Almbrotzeit und frische Milch oder Buttermilch zu wenig erscheinen, der kann sich gleich vis-à-vis im Bodenschneidhaus mit einer warmen Mahlzeit stärken – vielleicht auch für den »Gipfelsturm« auf die zum Greifen nahe Bodenschneid.

Unser nächstes Ziel, die Freudenreichalm, sehen wir bereits, wenn wir zwischen Bodenschneidhaus und Rettenbäckalm nach Osten blicken. In derselben Richtung steigen wir dann auch gerade und weglos hinunter in die Wiesenmulde und halten geradeaus auf den Wald zu. Hier treffen wir auf einen schmalen Weg, der links zur Forststraße hinausleitet. Diese kurz nach rechts, und wir haben die Freudenreichalm erreicht.

Für den Rückweg bleiben wir fürs erste immer auf der beschildeten, breiten Forststraße, passieren später die bekannte Gabelung, wo es links zur Rettenbäckalm hinaufgeht, und verlassen die Straße erst, um wieder nach links in den Aufstiegsweg über die Kühzaglalm hinunter zum Ausgangspunkt einzufädeln.

Die Rettenbäckalm wurde im Sommer 1993 von der Sennerin Brigitta betreut, die ihre Haflingerstute mit dabei hatte.

Biketour

Start für eine Auf-
fahrt sowohl zur
Freudenreich- als
auch zur Rettenbäckalm ist in
Schliersee-Westenhofen bzw. am
Wanderparkplatz beim »Hennerer«.
Von dort zieht die geschotterte
Forststraße (Beschilderung
»Tufftal/Bodenschneid/Freuden-
reich/Firstalm« etc.) anfangs ganz
gemütlich und später auch nur im
mittleren Schwierigkeitsgrad ansteigend in Richtung Süden. Dabei passiert man bereits auf den ersten
Kilometern die rechts etwas abseits
gelegene Krainsberger Alm, wo
man seit neuestem auch wieder
zukehren kann.

*Abstieg vom Bodenschneid-
gipfel nach Norden zur
Rettenbäckalm.*

Bodenschneid

Beginnend am DAV-
Unterkunftshaus läßt
sich, in südlicher
Richtung ansteigend, über einen
markierten Bergpfad problemlos der
aussichtsreiche Bodenschneidgipfel
(1668 m) erreichen (Auf- und
Abstieg ca. 1 ³/₄ Stunden). Abstiegs-
möglichkeit auch zur Freudenreichalm.

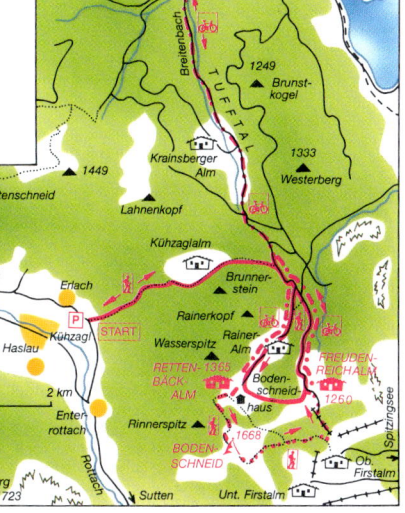

Hubertushütte und Bucheralm unterm Breitenstein

Gehzeit/Länge
Wanderung = ca. 3 Stunden. –
Biketour = ca. 6 Kilometer,
mittel.
Ausgangspunkte
Wanderung = Birkenstein,
Großparkplatz. –
Biketour = Nördlich nach dem
»Winklstüberl« bei der Bus-
haltestelle Stög rechts zur Gärt-
nerei, hier Beginn der neuen
Zufahrtsstraße (Parkmöglich-
keit); desgleichen ableitend
vom Weg zur Kesselalm.
Karten
(1 : 50 000) KOMPASS Nr. 8
Tegernsee – Schliersee. –
Bayer. Landesvermessungsamt
L 8336 Miesbach;
Gebietskarte Mangfallgebirge.

September etwa 20 Stück Jungvieh;
auf der Hubertusalm (1585 m) sind
es ungefähr ein Dutzend. In dieser
Zeit ist die Alm auch als Brotzeitstation geöffnet, mit einem beson-
ders reichhaltigen Angebot, das gar
bis zum Schweinsbraten und
Kuchen reicht. (Montag nachmittag
geschlossen).
Ganz anders die auf ca. 1300 Meter
Höhe gelegene Bucheralm.
Hier haben wir es noch mit einer
»richtigen« Alm zu tun, deren
Kaser 1897 erbaut wurde. Die
Eigentumsalm gehört zu einem Hof
in Fischbachau-Sandbichl, der von
Anfang Juni bis Ende September
etwa 20 Rinder, auch ein paar
Milchkühe, in die »Sommerfrische«
heraufschickt. Dazu gibt es zwei
Pferde, Katzen und eine Almsau.
Den hungrigen und durstigen Wan-
derern bringt das freundliche
Bewirtschafter-Ehepaar Engelberger
gern Milch und Käsbrot zur Bank
vor dem Hütteneingang heraus.
Aber keinen gewöhlichen Käse,
sondern besonders leckeren Zie-
genkäse vom heimatlichen
»Leitzachtaler Ziegenhof«.

Kesselalm
Hubertushütte
Bucheralm
Kesselalm und
Hubertushütte sind passionierten
Wanderern eher als gängige Berg-
wirtshäuser denn als Almen ein
Begriff. Und doch werden die Wei-
deflächen hier wie dort almwirt-
schaftlich genutzt. Auf der Kesselalm (1278 m, ganzjährig geöffneter
Berggasthof, Dienstag Ruhetag)
sömmern von Ende Juni bis Anfang

Wanderung
Viel Betrieb herrscht vor
allem im Sommer
während der Urlaubs-
saison um das beliebte Wallfahrts-
kirchlein Birkenstein bei Fisch-
bachau, das 1709/10 erbaut wurde
und 1760 seine üppige Rokoko-
Ausstattung erhielt. Wir starten
unsere Wanderung vom Großparkplatz aus und wenden uns entsprechend den Schildern »Kesselalm/
Breitenstein« auf der Birkenstein-

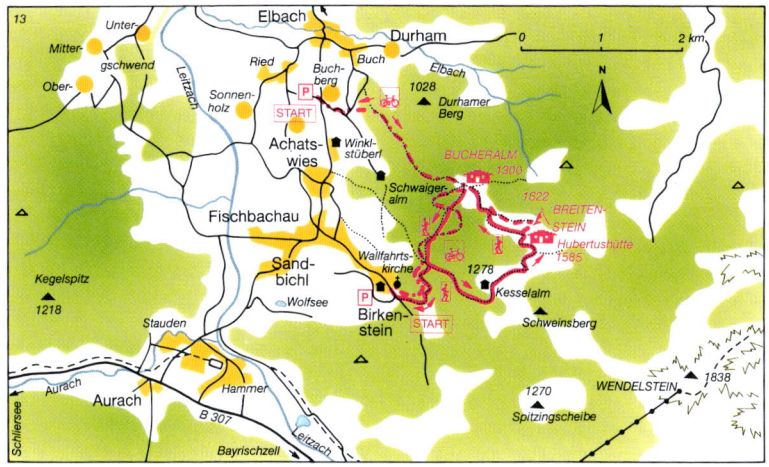

straße nach rechts, von der schnell ein guter Wanderweg nach links abzweigt. Auf diesem steigen wir durch Waldschatten zur Kesselalm hinauf. Am Berggasthof vorbei wandern wir geradeaus weiter, bis sich am Schweinsbergsattel die Wege trennen: Geradeaus/rechts ginge es zur Aiblinger Hütte und zum Wendelsteingipfel; wir wenden uns nach links über die Wiese in

Richung »Hubertushütte/Breitenstein« und schnaufen das letzte Stück auf schmalem, blockigem Pfad zur Hubertushütte hinauf.

Eine Spezialität auf der Bucheralm ist der Ziegenkäse vom »Leitzachtaler Ziegenhof« in Fischbachau-Sandbichl.

Hier können wir höchstwahrscheinlich einer ausgiebigen Brotzeitrast nicht widerstehen (knapp 1 ³/₄ Stunden).

Für den Weiterweg verfolgen wir den Wiesenpfad hinter der Hütte durch Weidegelände westwärts und genehmigen uns dann von der Anhöhe aus noch einmal einen Blick zurück auf den technologiebestückten Wendelsteingipfel, bevor wir wenig später den Tiefblick ins Leitzachtal genießen. Dort beginnt dann unser Abstieg, zuerst etwas steinig, dann über Treppenstufen und immer besser werdend über freie Wiesen, vorbei am friedlich grasenden Jungvieh, zur Bucheralm. Hier muß man natürlich unbedingt den Ziegenkäse – natur oder pikat in Öl eingelegt – probieren. Für den restlichen Abstieg nehmen wir schließlich den schmalen Weg

Rückblick auf den Wendelstein beim Abstieg vom Breitenstein zur Bucheralm.

Richtung »Birkenstein« an der Hütte vorbei und durch den Wald abwärts, der – ein paarmal von der neuen Zufahrtsstraße gekreuzt – in unseren Aufstiegsweg einmündet.

Biken
Mit dem Rad kann man die Bucheralm seit 1994 auf einer neuen Zufahrtsstraße erreichen: entweder über Buchberg oder Birkenstein.

Breitenstein
Wohl kaum ein Wanderer, der es bis zur Hubertushütte geschafft hat, wird auf den gleich dahinter liegenden, 1622 Meter hohen Breitensteingipfel verzichten. Zumal man ihn in höchstens ¹/₄ Stunde auf gutem Weg nordwärts über Almwiesen erreicht. Der Abstieg kann auch über den westlich vorgelagerten Nebengipfel gleich zur Bucheralm erfolgen.

Almen am Wendelstein – eine kleine Auswahl

TOUR 14

Gehzeit/Länge

Wanderung = ca. 2 $^1/_4$ Stunden. –
Biketour = ca. 5 Kilometer, leicht/mittel.

Ausgangspunkte

Wanderung = Talstation der Wendelsteinbahn in Osterhofen, Großparkplatz. –
Biketour = Bahnhof Osterhofen, Parkmöglichkeit.

Karten

(1:50 000) KOMPASS Nr. 8 Tegernsee – Schliersee. –
Bayer. Landesvermessungsamt Gebietskarte Mangfallgebirge.

Siegelalm Wendelsteinalm

Der mit seinen 1838 Metern die umliegenden Berge um eine felsige Haupteslänge überragende Wendelstein hat schon in früheren Jahrhunderten die Menschen zu einer Besteigung herausgefordert. Zu den prominentesten Gipfelstürmern zählt der Topograph Philipp Appian, der ihn anläßlich seiner Arbeit an der ersten bayerischen Landkarte anno 1560/65 bestiegen hat. Und im Sommer 1858 erreichte ihn der Bayernkönig Maximilian II. im Rahmen seiner großen Alpenreise in einem 4stündigen Aufstieg von Bayrischzell aus. Dabei wurde übrigens in der Steffelalm Rast gemacht, wo der königliche Küchenmeister eine mit Alpenrosen geschmückte und »von Krystall und Silber blitzende« Tafel vorbereitet hatte.

Unsere Almwanderziele heißen Wendelsteinalm – gleich vis-à-vis stand die heute nicht mehr existierenden Steffelhütte – und Siegelalm. Letztere findet sich auf 1334 Meter Höhe und gehört zu Hochkreut. In der kleinen Hütte, die lange Jahre geschlossen war, kann man nun wieder für eine bescheidene Brotzeit und Getränke zukehren. Etwa 200 Meter unterhalb des Gipfels, auf 1633 Meter, liegt neben dem Bockstein-Skilift die Wendelsteinalm. Auch sie hat gottlob noch keine Ausweitung zur Berggaststätte erfahren, sondern ist eine einfache Almbrotzeitstation geblieben. Hier muß man unbedingt die Käsespezialitäten der Sennerin Susi probieren. Sie versteht sich nämlich ganz hervorragend auf die Zubereitung von Almkäs, und das gleich in drei leckeren Sorten, auch mit selbstgezogenen Kräutern gewürzt. Und neben den üblichen Getränken wird hausgemachter Hollersaft ausgeschenkt. Die Wendelsteinalm gehört übrigens zum Zellerhof, dem wegen seiner besonders üppigen sommerlichen Blumenpracht meistfotografierten Bayrischzeller Anwesen. Bewirtschaftet sind beide Almen von etwa Ende Juni bis Mitte September.

Wanderung

Bei dieser Almwanderung schenken wir uns den schweißtreibenden Aufstieg zum Wendelsteinplateau und nehmen die Kabinenbahn von Osterhofen aus. Oben angekommen, verlassen wir den von Technologie und Touristenrummel gezeichneten Berg schleunigst wieder von der Gasthaus-Terrasse aus in Richtung »Seilbahn-Talstation« über die Treppenstufen südlich abwärts. Bei guten Sichtverhältnissen können wir nun während des ganzen Abstiegs das großartige Bergpanorama genießen. Wir springen den rot markierten, steinigen Weg hinunter, sehen auch schon bald die Wendelsteinalm in der weiten Wiesenmulde liegen und haben sie nach ca. 40 Minuten erreicht.

Auch im weiteren Abstiegsverlauf bleiben wir auf dem schmalen, rot markierten Weg geradeaus hinunter und landen in einer knappen $1/4$ Stunde bei der Siegelalm. Später mündet unser Weg dann in ein Kiesstraßerl ein, das wir nach rechts zu den beiden herrlich gelegenen Höfen von Hochkreut hinunterwandern. Von dort folgen wir der Teerstraße zum Bahnhof Osterhofen und gelangen auf dem verschnörkelten »Fußweg« wieder zur Talstation der Wendelsteinbahn zurück.

Biketour

Diesmal kann man allerdings nicht mit dem Bergradl bis vor die Alm-Haustüre fahren. Start ist am Bahnhof Osterhofen in Richtung »Hochkreut«. Beim letzten Bauernhof den mäßig steilen Kiesweg nach links aufwärts, dann ist nach zwei Hütten der Spaß auch schon zu Ende. Der restliche Anstieg auf dem rot markierten Weg links ab via Siegel- und Wendelsteinalm muß auch von den Mountainbike-Freaks zu Fuß bewältigt werden.

Wendelstein

Wenn man schon einmal bis zum Plateau vorgedrungen ist, wollen viele auch noch auf dem höchsten Punkt (1838 m) des Wendelsteins stehen. Jedoch können einen wohl weniger die

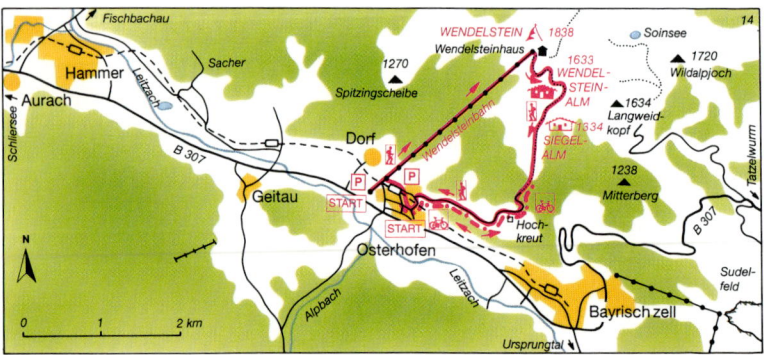

Menschenansammlungen und tech-
nischen Aufbauten dazu verlocken,
als vielmehr die grandiose Aussicht bis hin zu den Zillertaler
Gletscherbergen (Panoramaweg
ca. 1 Stunde).

Die Wendelsteinalm. In der
daneben gelegenen, nicht
mehr existierenden Steffel-
hütte hatte König Maxi-
milian II. bei seiner Bestei-
gung 1858 Rast gehalten.

Ins Almrevier über Brannenburg

Gehzeit/Länge
Wanderung = ca. 3 ¾ Stunden. –
Biketour = ca. 12 Kilometer, mittel.

Ausgangpunkte
Wanderung = St. Margarethen, südlich von Brannenburg, parken unterhalb der Kirche. –
Biketour = Brannenburg, Sudelfeldstraße, Parkmöglichkeit.

Karten
(1 : 50 000) KOMPASS Nr. 8 Tegernsee – Schliersee. –
Bayer. Landesvermessungsamt Sonderkarte Mangfallgebirge.

**Lechneralm
Rampoldalm
Schuhbräualm**
Erste Station auf unserer Wanderroute ist die Lechneralm, eine in 1258 Meter Höhe etwas abseits des Massentourismus gelegene, ursprüngliche Privatalm südwestlich über Brannenburg. Sie ist noch eine Alm »vom alten Schlag« und wurde bis 1993 mehrere Sommer hindurch von der Schwaiger Cilli, einer jungen »Paradesennerin«, betreut, die ihren kleinen Hausstand bestens in Schuß hatte, sich aufs Buttern und Käsen verstand und darüber hinaus auch noch selber Brot und Kuchen

backte. Sofern die Zeit dafür blieb, was bei einer zu betreuenden Herde von etwa 60 Rindern und ebenso vielen Schafen sowie Ziegen schon ein gutes »timing« erforderte. Jetzt will die Cilli zur Abwechslung einmal etwas anderes machen und ist als Betriebshelferin tätig, während Altbauer und -bäuerin von Mitte Juni bis Ende September die Alm bewirtschaften. Wer weiß, vielleicht überlegt sie es sich doch wieder anders und kehrt mit ihrer Asta, einem Berner-Sennhund-Mischling, und dem fürwitzigen Ziegenbock bald wieder auf die Lechneralm zurück. Übrigens: beim Almabtrieb hinunter zum stattlichen Schwaigerhof in Brannenburg wird auch heute noch nach schöner alter Tradition aufgekranzt. Gemeinsames Ziel für Wanderer und Biker ist die auf 1157 Meter Höhe gelegene Schuhbräualm, zu der von Brannenburg eine Zufahrtsstraße hinaufführt. Entsprechend groß ist der Touristenandrang, zumal die Schuhbräualm gleichzeitig eine beliebte Ausflugswirtschaft ist, wo man neben Brotzeiten auch warme Gerichte bekommt (geöffnet 1. Mai bis 30. Oktober, Montag Ruhetag). Die etwas oberhalb gelegene Rampoldalm (1285 m, geöffnet Anfang Mai bis Ende September), in der es Milch und andere Getränke zu kaufen gibt, ist deshalb für die Bergwanderer in der Regel nur eine Durchgangsstation.

Stolz präsentiert die Schwaiger Cilli in der Lechneralm ihre frisch gemachten Butterwecken. ▷

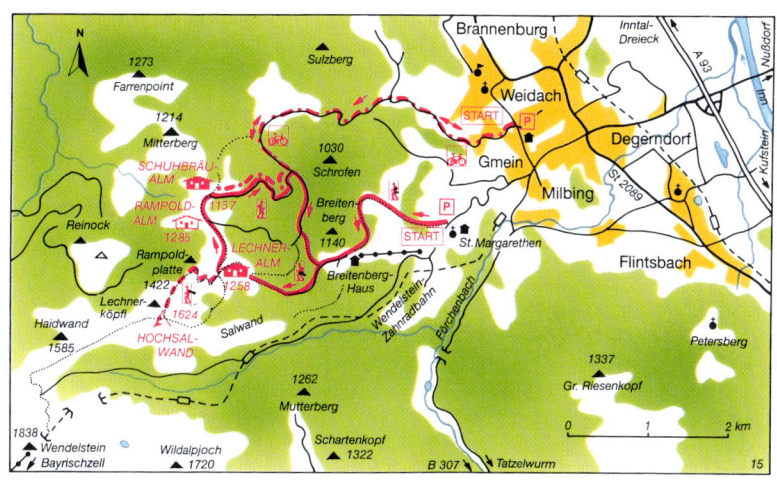

Wanderung

Wir starten unterhalb des Kirchenhügels von St. Margarethen, einem kleinen, spätgotischen Gotteshaus von 1445, das im 18. Jahrhundert barockisiert wurde. Besonders sehenswert sind im Inneren die freigelegten Fresken aus der Erbauungszeit. Von der Kirche laufen wir das mit »Breitenberghaus« und der Markierungs-Nr. 9 beschilderte, geteerte Sträßchen westwärts. Vorbei am Anwesen Dornerer von 1390 geht es dann rechts ab (Nr. 7), erst einen steinigen Pfad über Weidegelände aufwärts, dann münden wir in die von rechts unten heraufziehende, breite Kiesstraße ein. Auf dieser wandern wir nun geradeaus weiter. Sollten Ihnen Biker begegnen, so fahren diese in der Regel nur bis zum Breitenberghaus (Gaststätte); ein Stück weiter oben ist unser Wanderweg zur Lechneralm auch für Radler offiziell gesperrt. Nach dem Breitenberghaus wird aus dem Fahrweg ein

Waldstraßerl, und zum Schluß steigt man auf Wegspuren über die Weidehänge zur Lechneralm hinauf (ca. 1 ½ Stunden). Auf der Bank vor der Hütte sitzend hat man einen wunderschönen Blick ins Inntal.

Weiter geht es nach rechts (nördlich), entsprechend der Markierungs-Nr. 9, über einen Wiesenpfad etwas steiler aufwärts zur Rampoldplatte (1422 m). Hinter dem Übersteig folgt man dem Pfad weiter und steht schon bald bei der Rampoldalm. Hier wird's nun zunehmend betriebsamer, und auf der unterhalb sichtbaren Schuhbräualm »wurlt« es dann an schönen Sommertagen nur so von Wanderern und Mountainbikern.

Für den Abstieg nehmen wir zunächst die Zufahrtsstraße, von der nach ca. 25 Minuten rechts der ausgeschilderte Fahrweg zur Lechneralm bzw. zum Breitenberghaus abzweigt. Auf diesem wandern wir nun südwärts, orientieren uns an den Wegweisern Richtung

Die Schuhbräualm ist gleichzeitig eine vielbesuchte Berggaststätte.

»Breitenberghaus«, kommen bald wieder in vertrautes Gelände und beschließen unsere Almtour analog des Aufstiegsweges.

Biketour

Mit dem Rad strampelt man von Brannenburg über die Zufahrtsstraße zur Schuhbräualm hinauf. Und zwar vom Ausgangspunkt Sudelfeldstraße rechts in die Mühlenstraße, links in die Schrofenstraße und, anfangs geteert, dann geschottert, im mittleren Steigungsbereich den Berghang aufwärts. Die Schlipfgrubalm, die etwas rechts ab vom Fahrweg liegt, ist heute ein Gasthaus.

Wendelstein Hochsalwand

Der schöne Weg südwestlich über Lechnerkopf, Hochsalwand und Reindleralm zum Wendelsteingipfel gäbe dieser Wanderung eine ganz andere Routenführung. Aber vielleicht erwägt der eine oder andere von der Lechneralm aus die unschwierige Besteigung der 1624 Meter hohen Hochsalwand (Auf- und Abstieg ca. 1 Stunde).

Daffnerwald-alm mit oder ohne Heu-berg

TOUR 16

Gehzeit/Länge
Wanderung = ca. 1 $\frac{1}{2}$ Stunden. –
Biketour = ca. 10 Kilometer, mittel.

Ausgangspunkte
Wanderung = Wirtshaus Duftbräu, ca. 4 km südlich von Grainbach/Samerberg Parkmöglichkeit. –
Biketour = Nußdorf, an der Hauptstraße nahe dem Schneiderwirt oder am Ende des Winkelwiesweges, Beginn der Almzufahrtsstraße.

Karten
(1:50 000) KOMPASS Nr. 10 Chiemsee – Simssee, zusätzlich Nr. 8 Tegernsee – Schliersee. – Bayer. Landesvermessungsamt L 8338 Oberaudorf; Gebietskarte Chiemsee und Umgebung.

Daffnerwaldalm
Wenn Sie einmal ganz schnell und ganz gemütlich zu Ihrer Almbrotzeit kommen wollen, dann entscheiden Sie sich für diese Wanderung auf die Daffnerwaldalm im Samerberggebiet. Es handelt sich bei ihr um eine auf 1050 Meter Höhe gelegene

Gemeinschaftsalm, die von drei Bauern aus Nußdorf und Gritschen von Ende Mai bis Ende September bestoßen wird. Die sechs Hütten stehen östlich unterm Heuberg auf einem weitläufigen Almgelände, auf dem etwa 80 Stück Vieh weidet. In zwei Kasern floriert gleichzeitig der Gastwirtschaftsbetrieb. Wenn Sie in der neuen Deindlhütte zukehren, werden auch Sie möglicherweise von den zwei jungen Sennerinnen mit hausgemachtem Speck, Almkäs und Kuchen bewirtet. (Man weiß allerdings nie, wie lange sich so »resche Madln« heutzutage auf einer Alm halten.) Zum Almabtrieb wird übrigens aufgekranzt – sofern sich den Sommer über kein Unglück ereignet hat.

Viehtränken auf Almen sind keine »Badewannen« für verschwitzte Biker!

Wanderung

Südlich hinter Grainbach steht an der Fahrstraße, sozusagen als »Basislager«, der Duftbräu als Ausgangspunkt zu dieser kleinen Almrunde. Am Wirtshaus vorbei fließt der Fluderbach, und hier beginnt an der Brücke unser mit »Heuberg« beschilderter Aufstiegsweg. Es geht zunächst am Bach entlang, der zeigen will, daß er bei aller Bescheidenheit doch ein richtiger Bergbach ist, und mit einer Wasserrutsche imponiert. Dann mündet von links über ein Brückchen der Weg vom Waldparkplatz Gammern ein, wo man ebenfalls starten könnte.

Immer dem Schild »Heuberg« nach wandern wir gemütlich durch eine harmonische Wiesenlandschaft und dann in einer Rechtsschleife in den Wald hinein. Wenn wir wieder aus dem Baumschatten heraustreten, liegt auch schon der breite, freie Wiesenbuckel mit dem weit verstreut grasenden Fleckvieh der Daffnerwaldalm vor uns. Bis zu den Hütten ist es jetzt nicht mehr weit (ca. $^3/_4$ Stunden).

Zum Abstieg verlassen wir das Almgelände auf der Zufahrtsstraße – der Piste für die Bergradler –, müssen sie aber nur ein kurzes Stück weit benützen. Denn schon bald schickt uns der Wegweiser Richtung »Schweibern« nach rechts. Auf einem bequemen Waldweg wandern wir weiter abwärts und münden schließlich in die Fahrstraße ein, auf der wir schnell nach rechts zum Duftbräu zurückkehren.

Biketour

Für Biker bietet sich die Almstraße von Nußdorf herauf an (Zufahrt: Dorfstraße – Kirche – dem Schild »Volkskunst Salminger« folgen – Winkelwiesweg). Dabei passiert man auch die Klause Kirchwald, die einzige noch bewohnte Eremitage Oberbayerns, mit der daneben stehenden schönen barocken Wallfahrtskirche Mariä Heimsuchung, die 1719 von Wolfgang Dientzenhofer erbaut wurde. Die Steigung der teils geschotterten, teils befestigten Forststraße liegt etwa im mittleren Schwierigkeitsbereich – die Bestzeit einheimischer Bergradler von Nußdorf hinauf zur Daffnerwaldalm bei 22 Minuten!

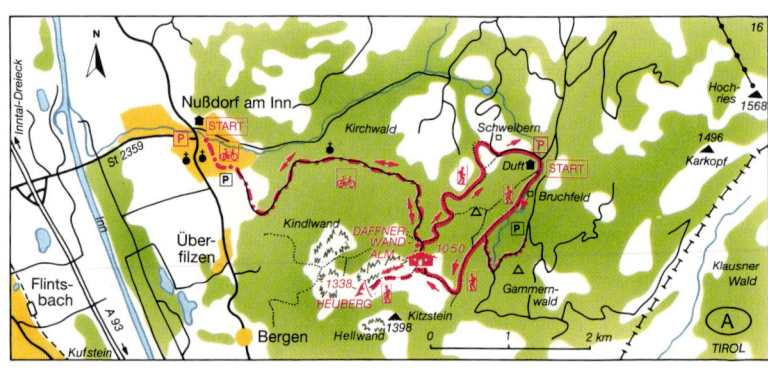

Heuberg

Nachdem einigermaßen gehtüchtige Bergwanderer mit dem Aufstieg zur Daffnerwaldalm sicher nicht gefordert werden, sollte man bei dieser Tour auch noch den 1338 Meter hohen Heuberg einplanen. Dazu steigt man zwischen den markanten Gipfeln von Wasserwand (rechts) und

Die schön gelegene Daffnerwaldalm unterm Heuberggipfel.

Kitzstein (links) von der Alm aus westwärts, der Markierungs-Nr. 1 folgend, über einen Bergpfad zum Gipfelkreuz hinauf. Der Rückweg erfolgt am besten über die gleiche Route (Auf- und Abstieg ca. 2 1/2 Stunden).

Vier schöne Kampenwand-Almen

TOUR 17

Gehzeit/Länge
Wanderung = ca. 2 ¼ Stunden. –
Biketour = ca. 12 Kilometer, mittel/schwierig.

Ausgangspunkte
Wanderung = Hohenaschau, Talstation der Kampenwandbahn, Großparkplatz. –
Biketour = Wanderparkplatz Kohlstatt, östlich von Aufham.

Karten
(1 : 50 000) KOMPASS Nr. 10 Chiemsee – Simssee. – Bayer. Landesvermessungsamt L 8340 Ruhpolding; Gebietskarte Chiemsee und Umgebung.

**Steinlingalm
Schlechtenberger
Alm Gorialm
Maisalm**

Im Bereich des Kampenwandgipfels weltabgeschiedene Almen zu

erwarten, ginge meilenweit an der Realität vorbei. Ist doch dieser charakteristische Vorposten der Chiemgauer Alpen bis auf 1460 Meter mit einer Kabinenbahn »erfahrbar« und von zahlreichen gut ausgebauten Wegen erschlossen. Trotzdem lohnt diese Wanderung allemal, nicht nur wegen der weitflächigen Almlandschaft, sondern insbesondere auch wegen der großartigen Aussicht auf den Chiemsee und bis weit hinein in die Zentralalpen. Als erstes erreicht man die Steinlingalm, in 1473 Meter Höhe nördlich unter dem Einstieg zum Kampenwandgipfel gelegen. Sie ist Alm und vollbewirtschaftetes Unterkunftshaus in einem. In der Zeit von Mitte Juni bis Ende September sömmern ringsum auf den baumfreien Wiesenhängen 50 bis 60 Stück Vieh der Almgemeinschaft Aschau. Auf dem Steinlingplateau wurde auch eine Gedenkkapelle für die Gefallenen des Chiemgaus errichtet.

Etwas weiter unterhalb, auf 1250 Meter, stehen die Schlechtenberger- und die Gori-Almhütten nahe beieinander. Auch hier kann der Wanderer während der Saison

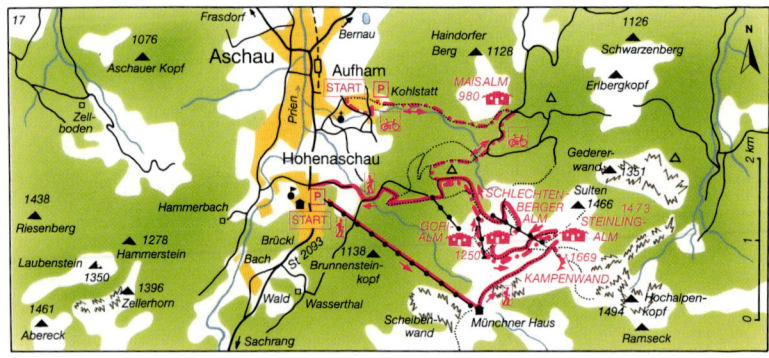

für eine kleine Brotzeit, Getränke und Milch zukehren.

Das gleiche gilt ebenso für die mit einer eigenen Zufahrtsstraße erschlossene, in einem romantischen Hochtal auf 980 Meter Höhe gelegene Maisalm.

Die Steinlingalm nördlich unterhalb der Kampenwand ist sowohl eine Alm als auch ein Unterkunftshaus; nahe dabei steht die Kriegergedenkkapelle.

 **Wanderung**
Wir schlagen das Angebot der »mechanischen Aufstiegshilfe« nicht aus und lassen uns von der Kampenwandbahn zur Bergstation hinauftragen. Von dort wandern wir dann den breiten Panoramaweg nordöstlich ganz bequem in ca. $^{1}/_{2}$ Stunde zur Steinlingalm hinüber.

Mit oder ohne Aufstieg zum Kampenwandgipfel beginnt unser Abstieg von hier aus in nordwestlicher Richtung zunächst ein Stück entlang der Zufahrtsstraße. Vorbei am kleinen Tränkeweiher für die Almtiere wandern wir in einer großen Kehre zur Schlechtenberger und Gorialm hinunter. Noch vor der Schlechtenberger Alm zweigen

57

An der Maisalm kommen die Mountainbiker vorüber, wenn sie den Weg von Kohlstatt hinauf zum Steinlingplateau wählen.

wir rechts auf einen Fußweg (Beschilderung »Bernau/Aschau«) ab und stoßen später beim Roßleiten-Skilift wieder auf die Zufahrtsstraße. Bis zur SOS-Meldestelle Maiswandl bleiben wir ihr treu, dann schlagen wir den Waldweg (Beschilderung »Aschau über Ziehweg und Kampenwandbahn«) nach links ein. Der schmale Weg trifft auf einen breiteren, von dem wir wieder links ab auf einem Weglein Richtung »Aschau« wandern. Wir landen schließlich auf einer Teerstraße und erreichen nach ca. 1 ³/₄ Stunden ab Steinlingalm wieder die Kampenwandbahn-Talstation.

Biketour

Bergradler nehmen am besten von Aufham/Kohlstatt aus in einer großen Ost-West-Schleife Anlauf zur Kampenwand. Zunächst

geht es auf einer Teerstraße mit mäßiger Steigung zur Maisalm hinauf. Geradeaus weiter rollt man anschließend auf Kiesbelag und wendet sich an der großen Forststraßenkreuzung rechts in Richtung »Steinlingalm/Kampenwand« durch den Hochwald weiter aufwärts. An der nächsten Gabelung orientiert man sich wieder rechts (Markierungs-Nr. 22). Es wird zunehmend steiler, die Straße ist teils geteert, teils geschottert, und schließlich erreicht man auf dem Almwirtschaftsweg nacheinander die Gori-, Schlechtenberger und schließlich in einer letzten großen, steilen Kehre die Steinlingalm.

Kampenwand

Auf den Kampenwandgipfel (Ostgipfel = Hauptgipfel, 1669 m) wird bei dieser Tour wohl niemand verzichten wollen. Obwohl »vielgestürmt«, ist der felsige Gipfelaufbau von der Steinlingalm aus südostwärts für trittsichere Wanderer über einen Bergpfad problemlos zu meistern (Auf- und Abstieg ca. 1 Stunde).

Zur Steineralm unterm Hochstaufen

TOUR 18

Gehzeit/Länge
Wanderung = ca. 3 $\frac{1}{2}$ Stunden.
– Biketour = ca. 12 Kilometer, mittel.

Ausgangspunkt
Aufham, Dorfstraße, Parkmöglichkeit.

Karten
(1 : 50 000) KOMPASS Nr. 14 Berchtesgadener Alpen. – Bayer. Landesvermessungsamt Gebietskarte Berchtesgadener Alpen.

Steineralm
Im Berchtesgadener Land, sehr eindrucksvoll zu Füßen des imponierenden Hochstaufenmassivs, liegt auf 1027 Meter Höhe die Steineralm. Diese Privatalm, zu der auch die kleine Rupertuskapelle gehört, ist bereits 1720 urkundlich erwähnt. Hier ist man auf durstige und hungrige Ausflügler bestens vorbereitet. Außer Brotzeiten, Würstl und Suppen gibt es auch Kaffee und Kuchen, und die ringsum weidenden dunkelbraunweiß-gescheckten Pinzgauer sorgen täglich für frische Milch, Buttermilch und Almbutter. Wenn das Wetter einmal nicht so recht mitspielt und man nicht draußen an den langen Holzbänken und -tischen unter alten Bäumen sitzen kann, finden in der geräumigen Gaststube an die 60 Personen Platz.

Wanderung
Die Steineralm läßt sich sowohl von Westen, vom Frillensee bei Adlgaß/ Inzell, als auch von Osten, von Aufham aus, auf guten Forststraßen erreichen. Wir – in diesem Fall Wanderer und Mountainbiker – entscheiden uns für Aufham, wo wir von der Durchgangsstraße die Dorfstraße, Kirchenstraße und dann die Staufenstraße aufwärts gehen bzw. fahren. Nach Überqueren einer Brücke folgen wir der Beschilderung »W 1 Hochstaufen/Steineralm/Frillensee« nach links auf einem guten Kiesweg schön am

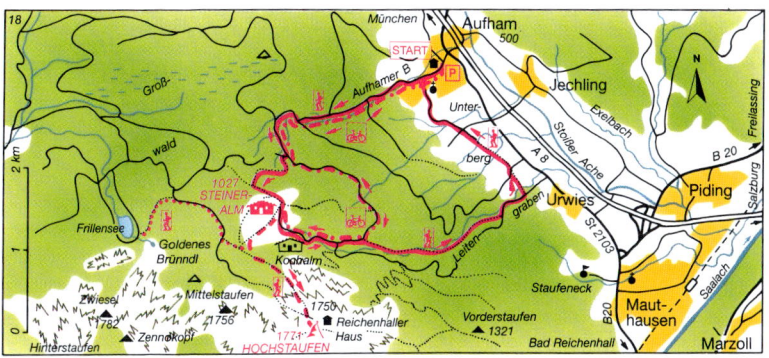

Aufhamer Bach entlang weiter aufwärts. Diese Markierung bleibt bis auf weiteres verbindlich; auch bei der Wegeteilung, wo man die Forststraße nach links weiter verfolgt. Etwa 5 Minuten später kommt wieder eine Gabelung; hier trennen sich Wanderer und Radler, wobei letztere geradeaus weitertreten. Die Wanderroute verläuft einige Meter auf dem Forstweg nach rechts, dann knickt ein mit "W 2 Hochstaufen/Steineralm« beschildertes Weglein links ab. Auf schmalem, steinigem Bergpfad geht es nun weiter durch Wald aufwärts, bis man schließlich auf einer Anhöhe einen wunderschönen Blick hinüber zum Hochstaufen und hinunter in die Wiesenmulde der Steineralm hat. Schnell springen wir den schmalen, ausgewaschenen Serpentinenpfad abwärts und setzen uns zu den anderen Almbrotzeitlern (ca. 1 ³/₄ Stunden).

Viel Betrieb herrscht während der ganzen Saison auf der Steineralm.

Wenn wir später den Zufahrtsweg talwärts gehen, passieren wir die zur Steineralm gehörende, geschlossene Kochalm, wo ein halbes Dutzend brotbettelnder Haflinger weidet. Wir laufen nun dem Schild »Urwies/Aufham« nach, und wenn der Kiesweg später eine Linkskurve beschreibt – hier führt die Radelpiste weiter –, schlagen die Wanderer den schmäleren Weg nach rechts abwärts Richtung »Urwies/Piding« ein. Der steinige Weg durch den Wald wird mal rechts, mal links vom munteren Wasser des Leitengrabens begleitet. Schließlich münden wir in eine Forststraße ein, überqueren links die Bachbrücke und laufen noch ein Stück weiter nach rechts abwärts, bis links ein Weg in Richtung »Aufham« abzweigt. Immer der Beschilderung nach schlängeln wir uns abschließend auf sichtfreien, sonnigen Wiesenpfaden zwischen stattlichen Bauerngehöften hindurch auf den Kirchturm von Aufham zu.

Biketour

Für diese Tour im insgesamt mittleren Schwierigkeitsbereich nehmen Bergradler zunächst den gleichen gekiesten Forstweg, wie in der Wanderroute beschrieben. An der erwähnten Wegegabelung hält man sich jedoch geradeaus, zunächst ein kurzes Stück abwärts, dann wieder aufwärts und in einer Rechtsschleife hinauf zur Steineralm.

Hochstaufen

Von der Steineralm können bergtüchtige Wanderer das Reichenhaller Haus (1750 m) sowie den Hochstaufengipfel (1771 m) erreichen (Auf- und Abstieg ca. 3 ½ – 4 Stunden).

Bis zur benachbarten Rupertuskapelle reicht der »Biergarten« der Steineralm.

Die Moosenalm, ein typischer Berchtesgadener Rundumkaser

TOUR 19

Gehzeit/Länge
Wanderung = ca. 3 ¼ Std. –
Biketour = Baumgarten – Moosenalm ca. 14 Kilometer, mittel; Alpenstraße – Mordaualm ca. 5 ½ Kilometer, mittel.

Ausgangspunkte
Wanderung = Parkplatz an der Schwarzbachwacht. –
Biketouren = Wirtshaus Baumgarten, ca. 3 km nordöstlich von Unterjettenberg, Parkmöglichkeit; oder Parkplatz an der Alpenstraße beim Taubensee, ca. 2 km südöstlich der Schwarzbachwacht.

Karten
(1 : 50 000) KOMPASS Nr. 14 Berchtesgadener Land – Chiemgauer Alpen. – Bayer. Landesvermessungsamt Gebietskarte Berchtesgadener Alpen.

Die Sennerin Traudl verläßt gerade mit ihrem Haflinger den Rundumkaser der Moosenalm. ▷

Moosenalm Mordaualm

An dieser wie auch an der nachfolgenden Tour werden insbesondere in Sachen Almhistorie interessierte Wanderer ihre helle Freude haben. Wir besuchen nämlich jeweils einen sogenannten Rundumkaser, wie sie nur im Berchtesgadener Raum vorkommen; Parallelen, so haben Volkskundler nachgewiesen, gibt es in den gesamten Alpen nicht. Leider konnte nur ein gutes halbes Dutzend dieser archaischen Hütten in unsere Zeit herübergerettet werden, von denen jede schon ihre 200 bis 300 Jahre alt ist. Was ist nun das Besondere an so einem Rundumkaser? Ganz aus Holz gebaut und mit einem steinbeschwerten Schindeldach versehen, sieht er für das Auge des Bergwanderers von außen auf den ersten Blick wie jede andere Almhütte aus. Geht man jedoch hinein, so steht man zunächst einmal überraschenderweise im Stall, der um den quadratischen, fensterlosen Innenraum herumgebaut ist. Man muß erst zwischen den angeketteten Rindern hindurchgehen, um zum kombinierten Wohn-/Arbeits-/Schlafraum vorzudringen. Hier kann man unter anderem auch noch eine offene Feuerstelle sehen, deren Rauch durch die Dachschindeln und kleine Gauben abzieht. Bei der Moosenalm, auf 1400 Meter südlich des Predigtstuhls im Lattengebirge gelegen, handelt es sich um die in ihrer alten Bausubstanz am besten erhaltene Alm des Berchtesgadener Landes. Ein Verdienst, das der Landwirtsfamilie Zimmermann aus Unterjettenberg zukommt, die mit viel Zeit, Mühe und Kosten die Moosen originalgetreu instandhält. Nachdem die rührige und liebenswerte Altbäuerin Moidl, die mit ihren 27 Almsommern schon eine Art fester Bestandteil der Moosen war, nun leider nicht mehr auffahren kann, mußte man sich nach einer Sennerin umtun. In der jungen Greithanner Traudl aus der Gemeinde Aßling östlich von München, die seit 1990 die Moosenalm von Mitte Juni bis Ende September betreut, haben die Zimmermanns, wie es scheint, einen guten Griff getan. Die gelernte Betriebshelferin ist verantwortlich für rund 20 Pinzgauer, darunter einige Milchkühe, sowie eine Schafherde; der Haflinger gehört ihr selber. Sie versteht sich aufs Buttern und Käsen, wie man bei der Brotzeit schmecken kann. Dazu gibt's frische Milch und Buttermilch. Ein geschmückter Almabtrieb, für den sie die traditionellen Berchtesgadener Fuinkln selber anfertigt, ist für die Traudl natürlich Ehrensache.

Auch von der Mordaualm (1100 m) wird geschmückt heimgefahren. Von den vier Hütten ist in zweien Almbetrieb, und man bekommt Butter- und Speckbrote sowie Milch und sonstige Getränke.

Wanderung

An der Schwarzbachacht finden wir auf der dem Parkplatz gegenüberliegenden Straßenseite schnell den Anfang des mit »Moosenalm« ausgeschilderten Wanderwegs. Er zieht zunächst als breite Kiesstraße am Hang entlang. Links unten brandet der Autoverkehr auf der B 305 im Schlund der eng zusammenstehenden Berge; später sieht man immer weiter, bis nach Unterjettenberg hinaus. An der Gabelung, wo es links zur Anthauptenalm geht, wenden wir uns nach rechts. Der Weg wird nun etwas steiniger, steiler und schmäler; zum Ausgleich dafür eröffnet sich ein immer schönerer Gebirgsblick. Schließlich münden wir in einen Forstweg ein und wandern das letzte Stück durch einen malerischen Lärchenbestand auf die Moosenalm zu, wo

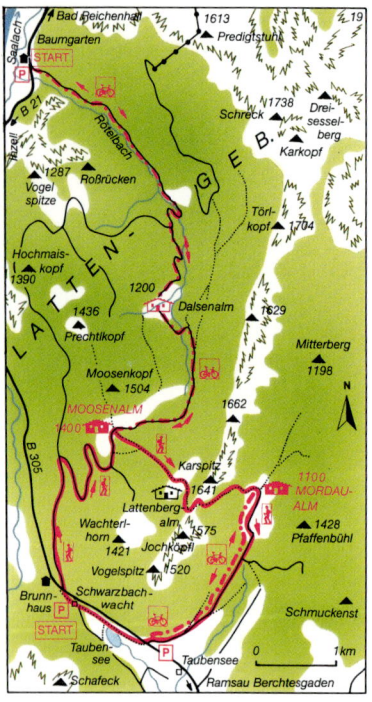

ter und auf einem schmalen Weg wieder in den Bergwald aufwärts. Nach insgesamt ¹/₂ Gehstunde ab Moosenalm heißt es aufpassen: Dann macht der Weg unvermutet einen Knick nach links abwärts (war bei unserer letzten Begehung nicht beschildert). Ein wenig steil und steinig, mit Treppenstufen versetzt, steigen wir hier in nordöstlicher Richtung in einer weiteren ¹/₂ Stunde zur schon bald sichtbaren Mordaualm hinunter. Weiter bergab nehmen wir nun die Almstraße nach rechts Richtung »Alpenstraße/Taubensee«, in Front die großartige Felskulisse der Reiter Alpe. Im Tal können wir die Bundessstraße durch eine Unterführung unterqueren. Dann laufen wir den Wanderweg parallel zur Straße nach rechts – vorbei am kleinen Taubensee, einem von unterirdischen Quellen gespeisten Karstwassersee und geschützten Laichplatz für Amphibien – direkt zurück zum Parkplatz an der Schwarzbachwacht.

Biketouren
Verglichen mit anderen Almbereichen scheinen die Moosen- und Mordaualm bei den Mountainbikern wenig »in« zu sein. Obgleich es zu beiden eine Zufahrtsstraße gibt: zur Moosenalm eine Kiesstraße vom Wirtshaus Baumgarten über die Dalsenalm (geschlossen) und zur Mordaualm von der Alpenstraße herauf den oben beschriebenen Forstweg, beide im mittleren Steigungsbereich.

wir nach ca. 1 ¹/₂ Stunden Gehzeit die links gelegene Hütte ansteuern. Um die Tour fortzusetzen, orientieren wir uns bei der Jagdhütte (Tisch und Bänke) am Wegweiser Richtung »Mordaualm« und bummeln auf einem schmalen Wiesenpfad, vorbei an Almrosen- und Blaubeerbüschen, weiter. Später wird ein etwas wurzeliger, steiniger Weg daraus, den man immer weiter geradeaus durch Wald leicht aufwärts verfolgt. Die anschließende Weidelichtung gehört zur Lattenbergalm (1480 m), dem Hochleger der Mordaualm und im Wechsel mit dieser von Mitte Juni bis Ende September bestoßen. Brotzeitstation ist sie allerdings keine. Darum wandern wir gleich geradeaus wei-

Bindalm – beliebtes Almziel südwestlich von Ramsau und Hintersee

TOUR 20

Gehzeit/Länge
Wanderung = ca. 3 $\frac{1}{4}$ Stunden. –
Biketour = ca. 13 Kilometer, mittel/schwierig.

Ausgangspunkt
Großparkplatz am Ende der öffentlichen Fahrstraße südwestlich vom Hintersee.

Karten
(1:50 000) KOMPASS Nr. 14 Berchtesgadener Land – Chiemgauer Alpen. – Bayer. Landesvermessungsamt Gebietskarte Berchtesgadener Alpen.

Bindalm
In früheren Jahrhunderten, als man noch keinen Urlaubstourismus kannte, waren die Bauern des Berchtesgadener Landes nicht so gut gestellt wie heute. Es gab nur sehr wenig Weideland, weder im Tal noch auf den Bergen. Das Stift Berchtesgaden mußte dem Bauernvolk unter die Arme greifen, indem es verschiedenen Lehen die Weidenutzung sowohl im klostereigenen Wald erlaubte, als auch bestimmte Freiflächen, die sogenannten Freien und Tratten, als Berechtigungs- oder Begünstigungsweiden zur Verfügung stellte. Solche Tratten kann man heute noch in der Ramsau sehen. Es sind liebliche Ahornhaine, in denen im Sommer die Kühe weiden und im Herbst das abgefallene Laub zusammengerecht wird, um es im Winter im Stall als Einstreu zu verwenden. – Eine andere Besonderheit des Berchtesgadener Landes sind die Maisalmen. Sie entstanden im 17./18. Jahrhundert, der großen Berchtesgadener Salz-Ära. Die Holzschläge für die unersättlichen Salinen wurden von Holzmeistern, die als Unternehmer für die Salinenverwaltung arbeiteten, ausgeführt. Diese Holzmeister durften auf der Schlagfläche, dem sogenannten Mais, so lange ihr Vieh weiden, bis wieder Wald nachgewachsen war. Und das dauerte ein bis zwei Generationen, so daß sich daraus oftmals Dauerrechte entwickelten.

Eine weitere Spezies des Berchtesgadener Landes sind die Rundumalmen – was das genau ist, können Sie bei Tour 19 nachlesen. Die Frühform eines solchen Rundumkasers aus dem Jahre 1686 steht auf der Bindalm (1176 m), südwestlich der Ramsau. Es handelt sich dabei um das rechter Hand zunächst des Aufstiegsweges gelegenen kleine Gebäude. Die Hütte wurde im Zuge der Realisierung des Nationalparks Berchtesgaden 1979

von Funtensee hierher gebracht und restauriert. Die Bindalm ist aber nicht nur volkskundlich interessant, sondern auch landschaftlich – liegt sie doch genau in Blickrichtung auf die mehr als 2000 Meter hohen Mühlsturzhörner. Und man muß kein Kletterer sein, um, bei einer gemütlichen Brotzeit auf der Hüttenbank sitzend, den Anblick der schroffen Felszacken, Wände

Über das Holzschindeldach der Bindalm geht der Blick zu den Mühlsturzhörnern.

und Kanten gebührend bewundern zu können. Als Almbrotzeit sind übrigens Käs- und Speckbrote angesagt; dazu gibt's frische Milch, Bier und Limonade. Bestoßen wird die Bindalm von Anfang Juni bis Ende September mit etwa 30 Stück Vieh.

Wanderung

Eine ausführliche Weg-
beschreibung erübrigt
sich in diesem Fall. Man
geht einfach vom Großparkplatz
nach dem Hintersee den beschilderten, guten Wanderweg, der parallel
zur Zufahrtsstraße verläuft, durch
schattigen Wald gemütlich in knapp
1 ³/₄ Stunden zur Bindalm hinauf.
Dabei kommt man gleich zu Anfang am Wildfutterplatz vorbei, wo
man im Winter bei den täglichen
Schaufütterungen bis zu 100 Rehe
und Hirsche beobachten kann.
Leider bietet sich bei dieser Wanderung keine Möglichkeit für eine
Rundtour; wir müssen also zurück
den gleichen Weg noch einmal
benützen. Doch wird es einem
dabei nicht langweilig werden;

erschließt sich doch auf diese Weise
die prächtige Landschaft aus einer
ganz neuen Perspektive. Außerdem
könnten sich weniger Gehtüchtige
den Hin- oder Rückweg verkürzen:
Etwa ab halber Strecke, dort, wo
man kurz auf die Zufahrtsstraße
trifft, verkehrt während der
Sommersaison alle paar Stunden
ein Bus von und nach Hintersee.

Biketour

Mit Ausnahme des
Busverkehrs ist die
Fahrstraße für pri-
vate Kraftfahrzeuge gesperrt. Berg-
radler haben hier also eine ideale
Piste für sich, zumal es im unteren
Teil noch relativ flach ist; allerdings
steilt sich die Trasse im oberen
Stück dann zunehmend auf.

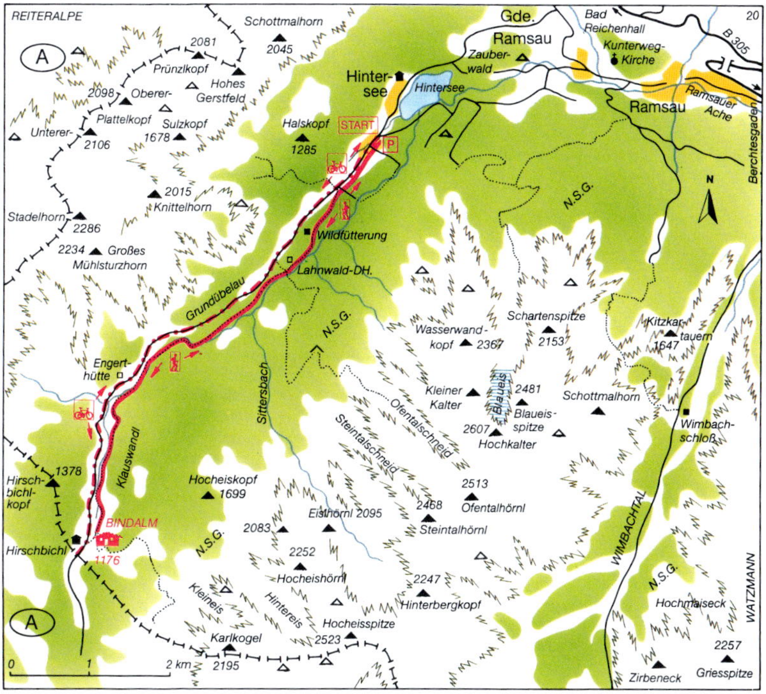

Vier eindrucksvolle Almen vor der Watzmannkulisse

TOUR 21

Gehzeit/Länge
Wanderung = ca. 5 1/2 Stunden. –
Biketour = ca. 22 Kilometer, mittel/schwierig.
Ausgangspunkte
Wanderung = Königssee, Talstation der Jenner-Seilbahn, Großparkplatz. –
Biketour = Parkplatz Hinterbrand.
Karten
(1 : 50 000) KOMPASS Nr. 14 Berchtesgadener Land – Chiemgauer Alpen; Bayer. Landesvermessungsamt Gebietskarte Berchtesgadener Alpen.

Königsbachalm
Priesbergalm
Gotzentalalm
Gotzenalm

Bei dieser zwar langen, aber wahrlich »hochkarätigen« Almtour bewegen wir uns im Gebiet des Nationalparks Berchtesgaden, in dem es noch an die 20 bewirtschaftete Almen gibt. Vier besonders attraktive lassen sich im Rahmen dieser Tour erwandern bzw. erradeln.
Da wäre zunächst einmal die private Königsbachalm (1240 m) – sie stammt übrigens aus der 1. Hälfte des 17. Jahrhunderts und zählt somit zu den ältesten Almen Oberbayerns – und als dazugehöriger Hochleger die Priesbergalm (1460 m), beide von Anfang Juni bis Ende September bestoßen. Auf der Königsbachalm erwartet uns gleichzeitig auch eine Berggaststätte (geöffnet je nach Witterung von Mai bis Oktober), während die Priesbergalm eine urige Brotzeitstation ist, wo es neben appetitlich zurechtgemachten Speck- und Käsbroten auch einen sehr guten hausgemachten Topfenkäs in Essig und Öl gibt.

Die Königsbachalm; im Hintergrund der Watzmann.

Auch Gotzentalalm (1115 m) und Gotzenalm (1685 m) bilden einen Nieder-/Hochlegerverbund, wobei die Berggaststätte mit Unterkunftshütte diesmal auf der Hochalm zu finden ist (geöffnet von Pfingsten bis 1. Oktober). Neben Jungvieh und Kalbinnen, die hier ihren »Sommerurlaub« verbringen, meldet auf der Gotzentalalm eine Murmeltierkolonie das ganze Jahr über ihre Hausrechte an. Auf dem Gelände steht übrigens auch ein interressanter restaurierter Rundumkaser, der Wahlkaser von 1733.

Wanderung

Suchen Sie sich für diese Tour unbedingt einen schönen, klaren Tag aus, denn so eine Traumaussicht wie

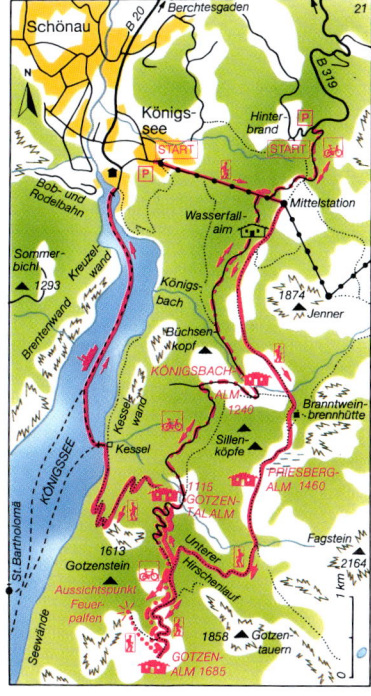

hier kann Ihnen keine andere Almwanderung bieten! Los geht's fürs erste ganz gemütlich, nämlich mit einer Auffahrt mit der Jenner-Seilbahn bis zur Mittelstation. Von dort laufen wir dann nach rechts auf dem breiten, ausgeschilderten Wanderweg, vorbei an der Wasserfallalm, fast eben am Hang entlang und genießen dabei ständig einen freien Blick auf den Watzmannstock. Nach ca $^3/_4$ Stunden sieht man rechts unten die Königsbachalm liegen. Wir halten jedoch weiter auf dem guten Wanderweg geradeaus und haben nach einer weiteren $^1/_2$ Stunde, leicht ansteigend, die Priesbergalm erreicht. Der grandiose Blick zur Watzmannkulisse gleich vis-à-vis, den wir hier zur Brotzeit gratis serviert bekommen, läßt sich mit Worten nicht beschreiben; den muß man selber erleben! Nach der Priesbergalm wird unser Weg schmäler. Wir spazieren zunächst weiter geradeaus, dann führt der Bergpfad abwärts zu einem Bachlauf. Drüberhalb geht es auf einem schmalen, mit Brettern und Drahtseil abgesicherten, aber völlig gefahrlosen Steig am bewaldeten Hang entlang wieder nach oben. Das Ganze nennt sich Unterer Hirschenlauf und erinnert an eine Freischütz-Szenerie. Schließich stößt man auf die von rechts über Königsbach- und Gotzentalalm heraufziehende, breite Zufahrtsstraße. Die geht es nun im Endspurt noch ca. $^3/_4$ Stunden nach links über mehrere scharfe, steile Kehren hinauf zur weitläufigen Hochfläche der Gotzenalm. Und weil es auf weitere

*Die Sennerin der Wasser-
fallalm beim Anfertigen
einer Fuikl.*

knapp 60 Höhenmeter auch nicht
mehr ankommt, steigen wir zu
guter Letzt noch zum Aussichtspunkt Feuerpalfen hinauf. Dort ist
uns dann ein wahrer Logenplatz in
dem grandiosen Alpentheater
sicher: Westwärts schaut man hinunter zum smaragdgrünen Band
des Königssees mit dem winzigen
St. Bartholomä und der dahinter
steil aufragenden Watzmann-Ost-
wand und ost- und südwärts auf
das Mondgestein von Hagengebirge
und Steinernem Meer.
Dann folgt der Abstieg: Auf der
Zufahrtsstraße in ca. 1 Stunde bis
zur Gotzentalalm und dort nach
links, der Beschilderung »Kessel«

folgend, über einen schier endlosen, steilen Serpentinenpfad – den
im Jahre 1848 angelegten Reitweg
der bayerischen Könige – durch
den Wald am Hang entlang in einer
weiteren Stunde hinunter zur
Bedarfsanlegestelle. Hier, an der
Hütte der ehemaligen Kesselalm,
nimmt uns dann eines der Ausflugs-
schiffe auf zur Rückfahrt nach
Königssee (vor Beginn der Tour
Fahrplan einsehen!). Auch das Alm-
vieh fährt übrigens per Schiff, und
zwar zum Beginn der Almsaison
sowie Ende September beim spek-
takulären Königssee-Almabtrieb.
Dabei kommen die Tiere auf großen Plätten über den See, werden
an Land mit den typischen Berchtesgadener Fuikln geschmückt und
dann zu den verschiedenen
Heimathöfen gebracht.

Biketour

Mit Ausnahme des
Unteren Hirschen-
laufs begegnet man
Bergradlern auf der ganzen Wan-
derstrecke. Trotzdem möchte ich
dem Grundsatz, daß Biker im Almgebiet auf die Forst- und Almzu-
fahrtsstraßen gehören, treu bleiben
und für sie folgende Strecke emp-
fehlen: Beginnend ab Parkplatz
Hinterbrand die ca. 4 1/2 Kilometer
lange Forststraße zunächst relativ
flach, dann mäßig bis steiler ansteigend zur Königsbachalm; von dort
mit wenig Steigung die Schotter-
straße weiter zur Gotzentalalm
(ca. 3 km) und wer will schließlich
auch noch das steilste Stück
(ca. 23 %) hinauf zur Gotzenalm
(ca. 3 1/2 km).

Ein Uhu auf der Tuftl-alm

Gehzeit/Länge
Wanderung = ca. 3 Stunden. –
Biketour = ca. 9 Kilometer,
mittel.

Ausgangspunkt
An der Straßengabelung Grie-
sen/Ehrwald/Lermoos nahe
dem Ehrwalder Bahnhof beim
Bahnviadukt, Parkmöglichkeit.

Karte
(1 : 50 000) KOMPASS Nr. 25
Ehrwald – Lermoos – Miemin-
gerkette.

Tuftlalm
Hier haben wir es
mit einer Alm mit
mehreren Namen zu
tun: Tuftl- oder Duftlalm, aber auch
Lermooser Alm kann man auf den
Wegweisern sowie in den topographischen Karten lesen. Die auf
1500 Meter Höhe südlich am Fuße
des Daniel gelegene stattliche
Genossenschaftsalm ist gleichzeitig
eine gutgehende Jausenstation, wo
man auch verschiedene warme
Gerichte bekommt. Das Bewirtschafter-Ehepaar Robert und Birgit
Holl hält zur rund 20köpfigen Rin-
derherde nicht nur zehn Schweine
und ein paar Kaninchen, sondern in
einem großen Freikäfig auch einen
leibhaftigen Uhu. Sie haben ihn als
Jungvogel aus einer Zucht gekauft,
und seither darf er den Sommer

auf der Alm verbringen, wo er den
Gästen von seinem Horstplatz hoch
oben in stoischer Ruhe entgegen-
blinzelt. Die Tuftlalm ist von Mitte
Mai bis Mitte Oktober als Gast-
stättenbetrieb geöffnet. Das Vieh
wird bereits im September
geschmückt abgetrieben.

Wanderung
Vom Ausgangspunkt
am Bahnviadukt in Ehr-
wald zieht die beschil-
derte Forststraße direkt von der
Fahrstraße Griesen – Ehrwald westwärts zur Tuftlalm hinauf; und
hier beginnt auch, links ab, der
bequeme Panoramaweg. Diesen
spazieren wir zunächst ein Stück
entlang, aber dann ist es mit

*Hinter der gastlichen Tuftl-
alm über Ehrwald/Lermoos
erheben sich Daniel und
Upsspitze.*

der Bequemlichkeit auch schon vorbei. Wir folgen dem nach rechts ableitenden Bergpfad etwas steil durch den Hangwald aufwärts. Zunächst noch angenehm schattig, kann einem weiter oben je nach Witterung die Sonne ganz schön zu schaffen machen. Aber nach ca.1 ¹/₂ Stunden strammem und ziemlich geradlinigem Aufstieg ist die Tuftlalm erreicht. Wir schauen beim Uhu hinein und genießen dann auf einer der zahlreichen Bänke vor der Hütte, mit Blick auf die Lechtaler Alpen, eines der Almschmankerl der gastfreundlichen Birgit.

Der Rückweg beginnt später geradeaus abwärts. Bei einer Wegegabelung orientieren wir uns nach links auf den Weg »Lermoos 1«. Wieder ist es ein schmaler Bergpfad, der uns jetzt schön langsam zu Tal bringt. Dort treffen wir erneut auf den querenden Panoramaweg und laufen diesen nun nach links, wobei wir die Zugspitze direkt vor der Nase haben.

Biketour

Wie in Tirol allgemein üblich, ist auch die Forststraße zur Tuftlalm für Bergradler gesperrt – was diese aber nicht daran hindert, sie zu befahren. Jedoch hält sich der Ansturm der Mountainbiker in Grenzen. Der Fahrbahnbelag ist teils Teer, teils Schotter; die Steigung liegt im mittleren Bereich.

Daniel

Die Tuftlalm dient gewissermaßen als »Stützpunkt« zur Besteigung von Upsspitze (2332 m) und Daniel (2340 m). Der markierte und recht heiße, da schattenlose Anstieg beginnt gleich hinter der Hütte. Da es im oberen Teil den steilen, etwas ausgesetzten Südgrat und Schrofen zu begehen heißt, ist diese Gipfelbesteigung nur erfahrenen Bergwanderern anzuraten (Auf- und Abstieg ca. 4 Stunden).

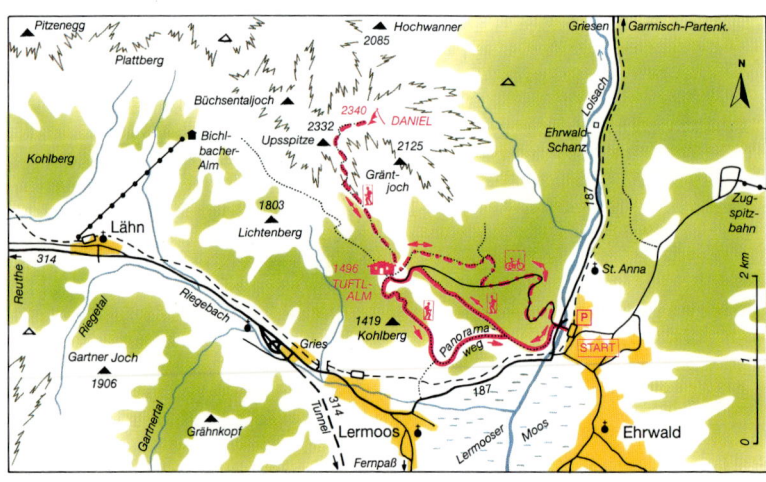

Vier schöne Brotzeitalmen in der Leutasch

TOUR 23

Gehzeit/Länge
Wanderung = ca. 3 – 5 ½ Stunden. –
Biketour = ca. 20 Kilometer, leicht/mittel.

Ausgangspunkt
Leutasch-Klamm, Wanderparkplatz an der Salzbachbrücke.

Karten
(1 : 50 000) KOMPASS Nr. 5 Wettersteingebirge; Nr. 25 Ehrwald – Lermoos – Mieminerkette.

Hämmermoosalm
Gaistalalm
Rotmoosalm
Tillfußalm

Hämmermoosalm – der Name leitet sich von Hämmernocken ab. Dies war der ursprüngliche Hofname des ehemaligen Sauhofs, der hier bereits vor etwa 400 Jahre gestanden hat. Gewiß war dieser Sauhof nicht annähernd so feudal, wie sich die Hämmermoosalm (1417 m) heute präsentiert: als Ausflugswirtschaft, die auch ein größeres Touristenaufkommen spielend bewältigt (geöffnet von Pfingsten bis Allerheiligen). Gleichzeitig wird sie aber auch als Genossenschaftsalm ihrer eigentlichen Bestimmung gerecht.

Diese Kombination Alm-/Gastwirtschaft trifft auch auf alle übrigen Ziele dieser Wanderung zu, wobei die Rotmoosalm (1904 m) der Hochleger zur Gaistalalm (1366 m, geöffnet von Pfingsten bis Allerheiligen) ist. Der Viehbestoß schwankt zwischen jeweils etwa 60 bis 80 Rindern, dazu kommen ein paar Haflinger sowie einige privat gehaltene Hühner und Ziegen.

Etwas oberhalb der Tillfußalm (1382 m, geöffnet von Pfingsten bis Ende September) steht das sogenannte Ganghoferhaus. Der Herzog von Oldenburg, damaliger Pächter der Gaistaljagd, bot dieses Jagdhaus 1896 dem Schriftsteller Ludwig Ganghofer an. Der nannte es Haus Hubertus, nach seinem Roman »Schloß Hubertus«. Ganghofer, für den die Jagd den Mittelpunkt seines schriftstellerischen und privaten Lebens bildete, schrieb hier unter anderem die Romane »Schweigen im Walde« und »Der Ochsenkrieg«. Zum ehrenden Andenken an ihn hat man dem schönen Panorama-Wanderweg, der von der Salzbachbrücke bis zur Gaistalalm oberhalb parallel zum Fahrweg entlang der Leutascher Ache verläuft, den Namen Ganghoferweg gegeben.

 **Wanderung** Gleich nach dem Überqueren der Salzbachbrücke treffen wir auf besagten Ganghoferweg. Ein kurzes Stück geht es diesen breiten, geschotterten, nur den Fußgängern vorbehaltenen Weg aufwärts, dann folgen wir dem Schild »Hämmermoosalm« geradeaus auf einem Wiesenpfad

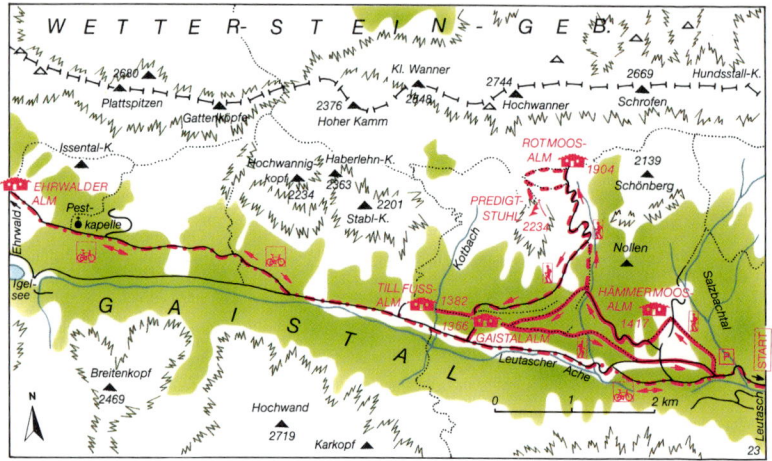

und haben unsere erste Alm bereits in einer knappen ¹/₂ Stunde erreicht.

Weiter ziehen wir beim blumengeschmückten Flurkreuz auf dem schmalen, ebenen Wiesenweg geradeaus. Die Aussicht ist gigantisch: rechts das steingraue Felsenschiff

Die stattliche Hämmermoosalm vor dem Wettersteinmassiv.

des Wettersteinmassivs, links die ebenso eindrucksvolle Mieminger-kette mit ihren klotzigen, von Baum- und Latschenbestand barhäuptigen Zweieinhalb-und-mehr-Tausendern. Dann mündet unser Weglein in eine Almzufahrtsstraße. Nach rechts geht es Richtung »Rotmoosalm/Predigstein« (= Predigtstuhl auf der Karte); das sind ca. 2 Stunden schweißtreibender Aufstieg. Wem das zuviel erscheint,

An der Gaistalalm beginnt der Ganghoferweg, ein aussichtsreicher Panoramawanderweg zur Salzbachbrücke.

der wandert die Almstraße nur bis zum Brückchen über den Leitenbach hinauf. Drüberhalb zeigt ein Schild Richtung »Gaistalalm« nach links. Auf einem schmalen Pfad – erst am Hang entlang aufwärts, dann über eine Wiese, wieder in den Wald hinein und durch diesen abwärts – mündet man schließlich in den Ganghoferweg ein, auf dem rechts schnell die Gaistalalm erreicht wird (ca. 1 Stunde ab Hämmermoosalm). Hier gibt es sogar einen Kinderspielplatz mit allerlei Geräten, und von den Brotzeitbänken vor der Hütte aus hat man einen fantastischen Blick auf

Hohe und Niedere Munde, Karkopf und Hochwand. Desgleichen von der nur knapp $\frac{1}{4}$ Stunde entfernten Tillfußalm, die die intimste und gemütlichste aller bei dieser Wanderung vorgestellten Almen ist. Wir kehren wieder zur Gaistalalm zurück – die von den Bergradlern von der unterhalb verlaufenden Fahrstraße aus am häufigsten angesteuert wird – und fädeln hier endgültig in den Ganghoferweg ein. Nahezu eben, relativ sonnig, dafür aber mit baumfreien Ausblicken wandern wir auf diesem Promenadenweg zurück zum Ausgangspunkt.

Biketour

Die Forststraße zwischen Salzbachbrücke und Ehrwalder Alm ist zwar offiziell für den allgemeinen Verkehr, also auch für Bergradler, gesperrt, aber das kümmert diese wenig; zu Dutzenden durchfahren sie das Tal von Leutascher Ache und Gaistalbach. Dabei geht es anfangs relativ flach dahin, und erst am Schluß, zur Ehrwalder Alm hinauf, sind größere Steigungen zu bewältigen. Zur Hämmermoos-, Gaistal- und Tillfußalm führen jeweils kurze Stichstraßen vom Fahrweg aufwärts.

Predigtstuhl

Von der Rotmoosalm aus kann eventuell auch noch der Predigtstuhl (2234 m) von geübten, trittsicheren Bergwanderern bestiegen werden (Auf- und Abstieg ca. 2 Stunden).

Die Walder Alm, ein mittelalterlicher Schwaighof

Gehzeit / Länge
Wanderung = ca. 3 ¾ Stunden. –
Biketour = ca. 12 Kilometer, mittel.

Ausgangpunkt
Gnadenwald, Beginn der Mautstraße zur Hinterhornalm, Parkplatz.

Karte
(1 : 50 000) KOMPASS Nr. 26 Karwendel.

Einsiedelei. 1497 wurde dann ein Augustinerinnernkloster gegründet. Und im 17. Jahrhundert schließlich entstand hier das Zentrum einer Glaubensgemeinschaft, deren Mitglieder sich ohne klösterliche Regeln im Wald um eine Eremitage niederließen und ihre Siedlung Gnadenwald nannten. Das Kirchlein präsentiert sich dem Beschauer heute mit einem gotischen, barockisierten Innenraum. Besonders erwähnenswert sind drei spätgotische Wappenschilde sowie die Fresken von Michael Ignaz Milldorfer von 1743.

Um die historischen Reminiszenzen fortzuführen: Die Walder Alm (1501 m) ist ein ehemaliger Schwaighof. Und zwar handelt es sich dabei genau genommen um

Die Walder Alm ist auch ein Ziel für Mountainbiker.

Walder Alm
Nordöstlich über Hall in Tirol liegt auf einem freundlichen Hochplateau mit weitem Blick auf und über das Inntal hinaus der Weiler Gnadenwald. Hier wurde der engste Mitstreiter Andreas Hofers geboren: Josef Speckbacher. Sein Andenken lebt im heutigen Gasthof Speckbacher fort. – Gleich gegenüber am Waldsaum steht die kleine Kirche St. Martin mit angebautem Klösterl. Von ihm hat die Ansiedlung ihren Namen bekommen. Hier soll bereits im 11. Jahrhundert ein Jagdhaus mit Kapelle gestanden haben. 1445 erfolgte die erste urkundliche Erwähnung als

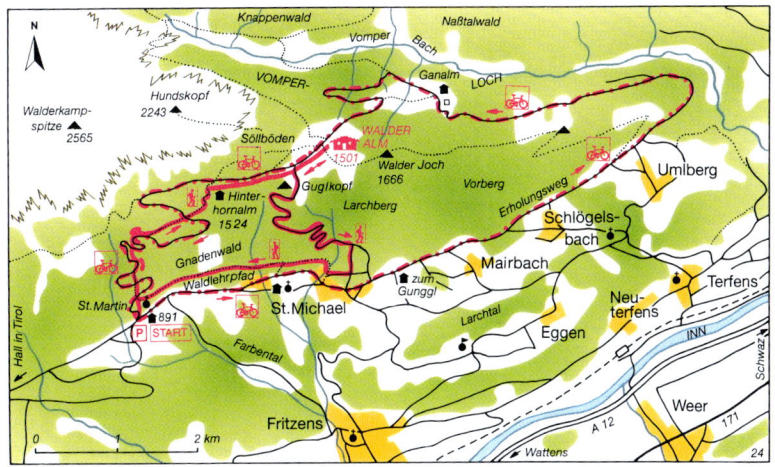

jenes Gebäude, in dem man heute um die Jause ansteht. Unter einem Schwaighof versteht man eine jener im 12./13 Jahrhundert im Gebirge entstandenen ganzjährig bewirtschafteten Dauersiedlungen in Form von Einzelhöfen, wo hauptsächlich Viehzucht und Milchwirtschaft betrieben wurde. Kaiser Maximilian I. hatte damals höchstpersönlich die jetzige Walder Alm in Erbleihe gegeben. Heute ist sie eine Gemeinschaftsalm, in die sich vier Bauern teilen und die allsommerlich an die 100 Stück Vieh heraufschicken. Als Jausenstation wird die Walder Alm je nach Witterung von Mai bis November bewirtschaftet.

Wanderung

Etwas rechts am Anfang der Mautstraße von Gnadenwald hinauf zur Hinterhornalm beginnt auch der Wanderweg. Er führt, die vielen Kehren abschneidend, oft nur fußbreit und relativ steil und sonnig durch hüfthohes Gras, Gebüsch, Latschen und Niederwald aufwärts. Da er wenig begangen wird, hat sich in seinem Nahbereich noch allerlei seltene geschützte Bergflora erhalten. Jedesmal, wenn man in die Fahrstraße einmündet, muß man drüberhalb nach dem – nicht immer beschilderten – nächsten »Einstieg« Ausschau halten. Das steile Schlußstück vor der letzten Rechtskurve absolviert man wohl besser auf der Straße. Und wenn man dann nach ca. 1 $\frac{1}{2}$ Stunden Aufstieg bei der Hinterhornalm (1524 m) – einer Berggaststätte – angelangt ist, wird man mit einem fantastischen Ausblick auf die Zillertaler Alpen, die Stubaier Gletscher und auf das breite Band des Inntals belohnt. Dort hinunter schweben auch die Drachenflieger, die auf diesem Hochplateau einen idealen Startplatz vorfinden. – Unser eigentliches Wanderziel, die Walder Alm, erreichen wir von der Hinterhornalm aus auf einem breiten, geschotterten, nahezu ebenen Weg

in gut 20 Minuten. Wem um die Hütten zuviel Betrieb herrscht, kann sich für die Brotzeitrast auch zum nahen Kapellchen hinauf verziehen. Werfen Sie auch einen Blick in den kleinen Weiher: Er ist im Hochsommer eine Bergmolch-Kinderstube.

Für den Abstieg spazieren wir zunächst das Schotterstraßerl wieder ein Stück zurück, bis ein weiteres davon nach links abzweigt (für Radler gesperrt und bei unserer Erkundung auch nicht befahren). Dieses wandern wir nun bergab bis zu den ersten Häusern. Hier nach rechts und auf dem sogenannten Erholungsweg am Waldsaum parallel oberhalb der Fahrstraße entlang. Wenn der Weg an einer Stelle kurz in die Fahrstraße einmündet, überquert man nach rechts eine Brücke und wendet sich gleich dahinter wiederum rechts den Hang hinauf. Bald schon kann man links wieder in den Erholungsweg einfädeln, der in seiner Schlußetappe zu einem Waldlehrpfad wird.

Die Walder Alm war einst ein mittelalterlicher Schwaighof, der von Kaiser Maximilian I. in Erbleihe gegeben wurde.

Biketour

Die 6 Kiometer lange, geteerte Mautstraße darf natürlich auch von Bergradlern befahren werden; die Steigung liegt im mittleren Schwierigkeitsbereich. Daß die Straße auch gern als Bergrennstrecke benützt wird, bezeugen im oberen Teil die auf die Asphaltdecke geschriebenen Anfeuerungsparolen. Der Kiesweg zur Walder Alm ist offiziell für Mountainbiker gesperrt, was allerdings nicht berücksichtigt wird. Genauso verhält es sich mit der vor Schlögelsbach nordöstlich abzweigenden, später ziemlich steil werdenden Forststraße über die Ganalm hinauf zur Walder Alm.

Zur Bärenbadalm im herzoglichen Hofjagdgebiet

Gehzeit/Länge
Wanderung = ca. 1 ½ Stunden. –
Biketour = ca. 7 Kilometer, mittel.

Ausgangspunkt
Pertisau, Talstation des Karwendellifts, Großparkplatz.

Karten
(1 : 50 000) KOMPASS Nr. 26 Karwendelgebirge; Nr. 27 Achensee – Rofangebirge.

Bärenbadalm
Schon möglich, daß hier im Bergwaldgebiet um den Zwölferkopf einmal Bären gehaust haben. Zumindest war die Achenseegegend immer schon recht wildreich, was bereits im 15. Jahrhundert die Tiroler Landesfürsten zu schätzen wußten. Herzog Sigismund der Münzreiche erbaute in der Rupertus Au (Pertisau) im Jahre 1469 ein Fürstenhaus als Stützpunkt für feudale Hofjagden. Heute ist der Zwölferkopf im Winter ein beliebtes Skigebiet. Doch ohne den »Biß und Tritt«, wie es in der Fachsprache heißt, der etwa 30 auf der Bärenbadalm gehaltenen

Rinder wäre die sommerliche Pistenpflege recht aufwendig. Dann nämlich müßte das Gras von Hand gemäht werden. Geschähe dies nicht, so würden im Winter die langen Halme auf den steilen Hängen das Abrutschen der Schneemassen begünstigen – Erosion wäre die Folge.

Die Bärenbadalm (1457 m), eine Eigentumsalm zu einem Anwesen in Schwaz und von Mai bis Oktober bewirtschaftet, ist sowohl ein Almbetrieb als auch eine Jausenstation mit sonniger Terrasse und kleinem Gastraum für kühle Tage.

Wanderung
Den Aufstieg schenken wir uns diesmal und nehmen statt dessen von

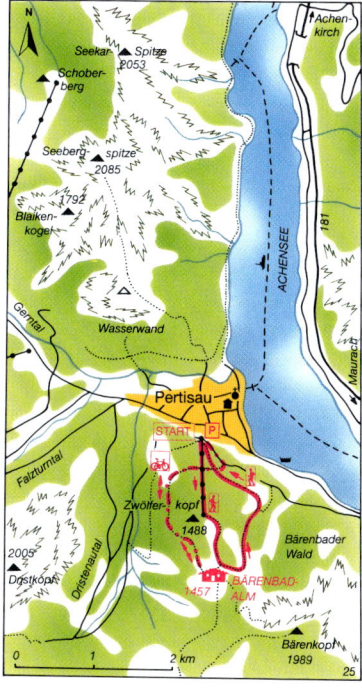

Pertisau aus die Karwendelbahn (12–13 Uhr Mittagspause). An der Bergstation wenden wir uns nach links, Richtung »Bärenbadalm«, durchqueren zunächst ein flaches Pistenterrain mit unschönen Liftanlagen und wandern dann abwärts in ca. $^1/_4$ Stunde zur gastlichen Bärenbadalm.

Die Abstiegsroute beginnt später beim Flurkreuz, wo wir uns an der Beschilderung Richtung »Pertisau« orientieren. Von dem breiten Forstweg zweigt nach links schnell ein Bergpfad mit roter Punkt-Markierung ab. Zunächst geht es am Rand einer Skipiste entlang, dann tauchen wir in schattigen Wald ein und haben später einen malerischen Blick nach rechts auf den türkisfarbenen Achensee-Fjord. Der Ausflugsdampfer tutet beinahe so melodisch wie ein Mittelmeer-»Traumschiff« zu uns herauf.

Weiterhin durch Wald wandern wir schließlich in insgesamt ca. 1 Stunde nach Pertisau hinunter, wo wir wieder an der Talstation der Karwendelbahn landen.

Biketour

Die geschotterte Forststraße hinauf zur Bärenbadalm, beginnend beim Parkplatz der Karwendelbahn, ist offiziell für Radler gesperrt; aber wie so oft in Tirol hält sich keiner daran. Die Steigungen liegen etwa im mittleren Schwierigkeitsbereich.

Beim Flurkreuz beginnt der Abstiegsweg von der Bärenbadalm nach Pertisau am Achensee.

Die Köglalm überm Achensee

Gehzeit/Länge
Wanderung = ca. 3 Stunden. –
Biketour= ca. 9 Kilometer,
leicht/mittel.

Ausgangspunkte
Wanderung = Fischerwirt in
Achenkirch, direkt am See,
Parkmöglichkeit. –
Biketour = Beginn der Forst-
straße zur Köglalm in Achen-
kirch, an der Durchgangs-
straße, ca. 1 km nördlich vom
Seende, Parkmöglichkeit (auf
Beschilderung »Residenz-
Hotel« achten).

Karten
(1 : 50 000) KOMPASS Nr. 27
Achensee – Rofangebirge.

Köglalm

Der Achensee ist
der größte und
landschaftlich sicher
schönste See Tirols. Er ist ca.
10 Kilometer lang, 1 Kilometer
breit, bis zu 133 Meter tief, und
sein türkisgrünes Wasser dient dem
Achensee-Kraftwerk bei Jenbach als
Speicher. Den Reiz des fjordförmig
zwischen den hohen Bergketten
von Karwendel und Rofan eingebet-
teten Sees hatten bereits die Tiroler
Landesfürsten erkannt und ihn zu
ihrem bevorzugten Jagd- und
Fischereirevier erkoren. Das erste
Achenseeschiff ließ Erzherzog

Ferdinand II. im Jahre 1568
erbauen. Kein Wunder, daß zu so
einem attraktiven See heute reger
Touristenandrang herrscht. Doch
nicht nur zum See selbst, sondern
auch zu den Bergen – und damit
zu den Almen – ringsum. Dabei ist
die bei dieser Tour angesteuerte
Köglalm vergleichsweise noch ruhig,
obgleich sie geradezu prädestiniert
für das ungestörte Nebeneinander
von Wanderern und Bikern ist: Es
gibt eine nicht allzu steile Forststraße – die sogar für Bergradler

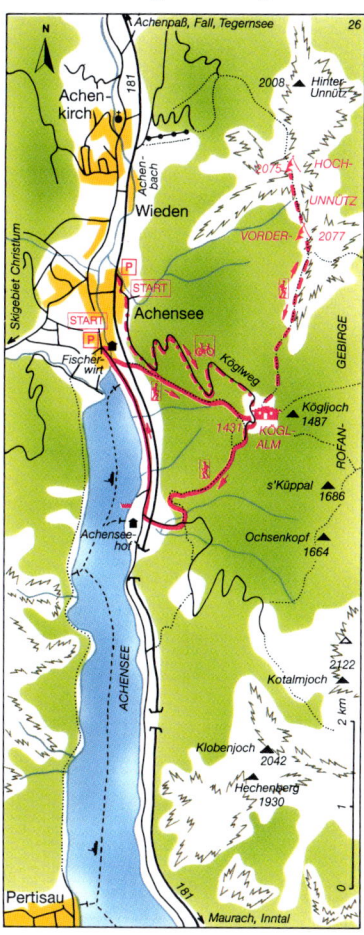

Die Köglalm ist eine urige Tiroler Alm, die von Wanderern und Bikern auf getrennten Wegen erreicht werden kann.

offiziell freigegeben ist; eine Rarität in Tirol! – und parallel dazu einen idyllischen Waldpfad. Oben auf der Almhochfläche, in 1431 Meter südlich unterhalb des Unnütz, erwartet uns dann ein wunderschöner freier Blick westwärts auf das Christlum-Skigebiet, auf Seekarspitze, Schreckenspitze und Hochplatte. Und natürlich die gastliche Köglalm. In einer der etwa einem halben Dutzend Hütten bekommt man bei der Altbäuerin selbstgeräucherten Speck, Käse, Milch und sonstige Getränke. Auf dieser Eigentumsalm zu Achenkirch sömmert von Ende Mai bis 10. Oktober etwa 70 Stück Tiroler Grauvieh.

Wanderung

Am Startpunkt beim Fischerwirt in Achenkirch, am nördlichen Zipfel des Achensees, entdecken wir gleich neben der Gaststätte einen Wegweiser, der die Köglalm anzeigt. Es geht erst einmal durch einen Tunnel unter der Fahrstraße hindurch. Dann steigen wir auf einem immer schmäler werdenden Weg am bewaldeten Hang aufwärts. Angenehm schattig und ziemlich geradlinig geht es mäßig steil entlang der roten Punkt-Markierung höher. Bei einer Bank mit Achensee-Blick orientieren wir uns am Schild »Unnütz«. Dann münden wir in einen Forstweg ein und folgen drüberhalb gleich wieder der roten Punkt-Markierung auf einem Pfad aufwärts. Im Schlußanstieg wird der Weg dann etwas breiter, und nach knapp 1 1/2 Stunden haben wir die Köglalm schließlich erreicht.

Der Rückweg beginnt etwas oberhalb unserer Brotzeitalm. Wir folgen jetzt dem Wegweiser nach rechts Richtung »Achenseehof«. Der zunächst breite Weg wird schon bald schmäler und läuft wiederum am bewaldeten Hang entlang abwärts, wobei man einmal einen ganz besonders schönen und fotogenen Blick auf den See genießen kann. Schon fast im Tal, laufen wir kurz auf einem Forstweg geradeaus zur Fahrstraße hinaus, überqueren sie und gehen zum Hotel Achenseehof am Seeufer hinunter. Hier ist allerhand geboten, von Einkehrmöglichkeit über Badebetrieb bis zum Ponyreiten. Aber auch im Verlauf des restlichen Rückwegs, immer hübsch auf dem Fuß-/Radweg entlang des Seeufers, finden sich noch genügend schöne Freibadeplätze – Badesachen gehören bei dieser Tour in den Sommermonaten demnach unbedingt ins »Marschgepäck«.

Blick auf den Achensee beim Abstieg von der Köglalm zum Achenseehof.

Biketour
Wie bereits eingangs erwähnt, ist die Forststraße zur Köglalm für Bergradler freigegeben, die dieses Angebot auch gerne nützen. Auf geschotterter Trasse geht es mit einigen großen Kehren im leichten bis mittleren Steigungsbereich aufwärts.

Unnütz
Am Kögljoch, dort, wo der oben beschriebene Abstiegsweg zum Achenseehof nach rechts abzweigt, beginnt nach links der Anstieg zum dreigipfeligen Felsblock des Unnütz (2077 m), den sich trittsichere und erfahrene Bergwanderer zutrauen dürfen (Auf- und Abstieg ca. 3 1/2 Stunden).

Ackern – eine Alm für 1000 Tiere

TOUR 27

Gehzeit/Länge

Wanderung = ca. 1 ½ – 3 ½ Stunden. –
Biketour = ca. 10 Kilometer, mittel/schwierig.

Ausgangspunkte

Wanderung = Ackernalm, Parkplatz. –
Biketour = Beginn der Mautstraße zur Ackernalm südlich an der Straße vom Zollamt Bäckeralm nach Landl, Parkmöglichkeit.

Karten

(1 : 50 000) KOMPASS Nr. 8 Tegernsee – Schliersee. –
Bayer. Landesvermessungsamt Gebietskarte Mangfallgebirge.

Ackernalm

Auf der schier endlosen, sehr aussichtsreichen Hochfläche der Ackernalm (1400 m), südlich unterhalb des Hinteren Sonnwendjochs gelegen, weiden allein schon an die 320 Milchkühe; dazu kommen jede Menge Jungrinder, ein paar Dutzend Pferde und viele, viele Schafe und Ziegen. Alles in allem werden es wohl an die 1000 Tiere sein, die von etwa 30 Bauern, zumeist aus dem Thierseer Raum, hierher in die »Sommerfrische« gegeben werden. Bei dieser Größenordnung rentiert

sich sogar eine eigene Sennerei. Dort werden pro Saison etwa 300 wagenradgroße Emmentaler und Bergkäse hergestellt. Der Besucher kann gleich an Ort und Stelle eine Portion davon verzehren und ein Glas Milch dazu trinken (für den größeren Appetit gibt es den Berggasthof Ackernalm, geöffnet von Mai bis November). Entsprechend dem Viehbestand stehen auf dieser Gemeinschaftsalm auch zahlreiche private Almhütten – eine schmucker als die andere und so viele, daß jede von ihnen sogar eine eigene Hausnummer hat. Bei dem vorgeschlagenen Bummel quer durch das Almgelände kann man sehr schön gleich an einem guten Dutzend Objekte die traditionelle Almbauweise wie auch das Alm-

In der Ackernalm-Sennerei kann man den Bergkäse frisch vom Laib probieren.

leben studieren. Man beherzige jedoch die in der hinteren Buchklappe aufgeführten Almwanderregeln und falle den Sennerinnen und Hirten nicht im wahrsten Sinne des Wortes »mit der Tür ins Haus«, sondern frage sie höflich, ob man sich etwas umsehen dürfe. Auch

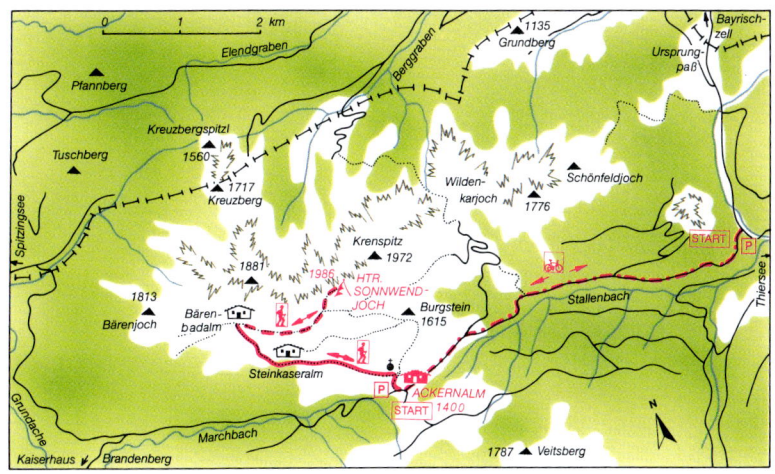

die Stallungen sind kein »open house« für jedermann. Die Milchkühe, die während des Tages drinnen bleiben, um der lästigen Fliegenplage zu entgehen, haben wenig Sinn für lautstarkes Gegröle oder Schwanzziehen, während sie ihre Wiederkäuer-Siesta halten.

Wanderung

Außer der rund 5 Kilometer langen Mautstraße von Osten aus Richtung Landl wird die Ackernalm auch noch von Forststraßen von Süden aus Richtung Brandenberg/Kaiserhaus/Erzherzog-Johann-Klause sowie von Norden aus der Valepp angesteuert. Eine Drehscheibe für Bergradler also. Die reinen Wanderwege in diesem Gebiet führen fast ausschließlich auf Berggipfel – eine Möglichkeit, die man nutzen sollte, zumal es sich bei dieser Tour eigentlich nur um einen kurzen, kinderleichten, aber interessanten und abwechslungsreichen Almbummel handelt. Dazu gehen wir

vom Parkplatz beim Berggasthof Ackernalm zunächst zur Sennerei hinauf. Danach wenden wir uns nach links und spazieren vorbei an der Kapelle und den letzten Almhütten gemächlich und nur leicht ansteigend geradeaus. Ein Naturweg bringt uns dann in ca. $^1/_2$ Stunde zu den Hütten der Steinkaseralm und in noch einmal ca. $^1/_4$ Stunde zur Bärenbadalm. Das Ganze bummelt man später wieder zurück – sofern man nicht vor hat, das Hintere Sonnwendjoch zu besteigen – und genießt dabei einen wunderschönen Blick auf das Kaiser- und Rofangebirge.

Biketour

Von den oben erwähnten Zufahrtsstraßen auf die Ackernalm soll hier lediglich auf die Mautstraße eingegangen werden – alles andere sind klassische Bergradelstrecken und in verschiedenen Mountainbike-Tourenbüchern eingehend beschrieben.

Die Mautstraße ist durchgängig geteert; die Steigungen liegen im mittleren Schwierigkeitsbereich mit kurzen etwas steileren Abschnitten.

Hinteres Sonnwendjoch

Von der Ackernalm spaziert man zunächst wie bei der Wanderung beschrieben zur Bärenbadalm. Kurz davor folgt man dem Wegweiser nach rechts, ostwärts, zunächst mäßig steil zum Burgstein, einer Felsrippe. Anschließend wird es steiler, es geht nordöstlich über Wiesengelände und am Schluß an Latschenfeldern vorbei zum sehr aussichtsreichen Gipfel des 1986 Meter hohen Hinteren Sonnwendjochs. Am besten nimmt man den gleichen Weg auch wieder zurück (Auf- und Abstieg ca. 3 $\frac{1}{2}$ Stunden).

Die Ackernalm ist ein ganzes Almhüttendorf, wo rund 1000 Tiere – Rinder, Schafe, Pferde, Ziegen – ihre »Sommerfrische« verbringen.

Unsere Almen – gestern und heute

Kleine Begriffserklärung

Almen gibt es überall, wo es Berge gibt: von den europäischen Mittelgebirgen bis hin zum fernen Hindukusch.

Wichtige Voraussetzung für eine Alm ist der Standort. Hierbei spielen Bodenbeschaffenheit, Geländeform, lawinen- und windgeschützte Lage sowie Wasservorkommen ein wichtige Rolle. All dies wußten bereits unsere Altvordern, und so haben sie schon vor vielen hundert Jahren ihre Almen eben an jenen Orten angelegt, wo wir sie – sofern sie zwischenzeitlich nicht verfallen sind – auch heute noch antreffen.

Eine Alm staffelt sich zwischen etwa 800 und 1800 Meter gewissermaßen in zwei bis drei Etagen den Berg hinauf: als Niederalm (auch Niederleger genannt) bis ca. 1000 Meter, als Mittelleger zwischen ca. 1000 und 1400 Meter und als Hochleger über 1400 Meter. Betrieben – man nennt es bestoßen, befahren – wird sie je nach Höhenlage und Wetterbedingungen meist zwischen Anfang/Mitte Juni bis Mitte/Ende September. In den ersten und letzten Wochen der Almsaison befinden sich Vieh und Personal auf der Niederalm. Der Hochleger – soweit vorhanden – wird nur für eine kurze Periode im Hochsommer bezogen.

Nun noch zu den Begriffen Alm und Alp(e). Beide meinen dasselbe. Sie werden nur nach Sprachraum unterschiedlich gebraucht. In Oberbayern heißt es durchwegs Alm; in Tirol wie auch im Allgäu und in der Schweiz ist von der Alp oder Alpe die Rede.

Zur Geschichte der Almen

Vermutlich wurden schon in prähistorischer Zeit Bergweidegründe durch nomadisierende Hirten genutzt. Zur vollen Blüte entwickelte sich die Almwirtschaft ab 500 v. Chr., in der keltischen La-Tène-Zeit, wovon uns schriftliche Berichte der Römer überliefert sind. Diese lösten bekanntlich 15 n. Chr. die Kelten in unserem Raum ab, und wenn sie auch in ihren Provinzen vornehmlich am Handel interessiert waren, hatten sie doch ebenso ein Augenmerk auf die Viehzucht und Almwirtschaft.

Als dann im 5. Jahrhundert die Bajuwaren von Norden kommend unser Land überzogen und später weit in den ostalpinen Raum vordrangen, fanden sie bis hinein nach Tirol eine florierende Almwirtschaft vor.

Zwischen 700 und 800 datieren schließlich die ersten urkundlichen Erwähnungen von Almen, so in den Aufzeichnungen über die Bestiftung der Salzburger Kirche durch Herzog Theodor von Baiern.

Die immer mehr anwachsende Bevölkerung brauchte natürlich auch immer mehr Raum, dessen Aufteilung zwischen etwa 1000 bis 1300 im Belieben der klösterlichen oder weltlichen Grundherren stand. Um diese Zeit tauchen in den Annalen erstmals auch die Schwaighöfe auf. Sie wurden von den Grundherren gegen Zins, meist Käse, an die Bauern vergeben.

Man kann wohl sagen, daß im 18. Jahrhundert das Almwesen seinen Kulminationspunkt erreicht hatte. Der Beginn des Maschinenzeitalters, die Nutzung der Kohleenergie mit allen wirtschaftlichen und handelspolitischen Folgen leiteten eine Rezession in der Landwirtschaft ein. 1803 gingen in Bayern im Rahmen der Säkularisation die klösterlichen Güter an den Landesfürsten über. Wenig später begann man damit, im Rahmen des königlich-bayerischen Forstkatasters die Besitzfronten neu abzustecken. Gemessen am damaligen Almgebiet ist in Oberbayern heute nur noch die Hälfte übriggeblieben. Aber dieser Bestand von etwas über 700 Almen scheint bis auf weiteres gesichert zu sein. In Nord- und Osttirol – hier sind annähernd 50 Prozent der geographischen Fläche der Kulturgattung Alm zuzurechnen – werden noch etwa 2300 Almen bestoßen.

Warum Almwirtschaft heute noch?

Was die Menschen bereits schon vor Jahrhunderten erkannt haben, gilt auch heute noch: Tiere, die auf der Alm gesömmert werden können, entlasten für drei bis vier Monate die heimatliche Futterkrippe. Sie suchen sich in diesem Fall ihre täglichen Mahlzeiten selber zusammen, und das in einem Terrain, das sonst gar nicht oder nur mühsam zu mähen wäre, um das Gras im Stall verfüttern zu können. Denn Berggras ist weitaus nährstoffreicher und daher gesünder als das Gras der Talwiesen. Und gesünderes Futter macht auch gesündere Kühe und Kälber, macht sie widerstandsfähiger gegen Zivilisationskrankheiten und züchterisch wertvoller.

Warum Almwirtschaft heute noch? Diese aktuelle Frage erfährt neben dem wirtschaftlichen Aspekt auch eine eindeutige Antwort aus boden- und landschaftskultureller Sicht. Denn würden unsere Almen einfach aufgegeben werden, hätten wir auf dem Gebiet des Umwelt- und Naturschutzes keinen Fortschritt, sondern einen gewaltigen Rückschritt zu verzeichnen: Verkarstung, Vermurung und Erosion wären die Folgen; Busch und Baum hätten binnen kurzem die brachliegenden Rodungsflächen überwuchert. Jahrhundertelange Landschaftskultur und Landschaftspflege wären innerhalb kürzester Zeit zunichte gemacht.

Der derzeitige Stand

In Oberbayern liegen die Alm-Schwerpunkte in den Landkreisen Garmisch-Partenkirchen, Bad Tölz, Miesbach, Rosenheim, Traunstein und Berchtesgaden. Von den gut 700 oberbayerischen Almen sind die meisten (65%) Privatalmen. Sie stehen im Eigentum eines einzelnen Bauern, gehören also zu nur einem Talanwesen.

Ferner unterscheidet man die Gemeinschaftsalmen, bei denen mehrere Bauern die ihnen jeweils zustehenden Anteile am gemeinschaftlichen Almgebiet bewirtschaften, wobei jeder für sich eine eigene Hütte unterhält. Diese beiden Almformen kennt man auch im bajuwarischen Bereich Tirols um Innsbruck, Kitzbühel und Kufstein.

Genossenschaftsalmen, eine Allgäuer Spezies, sind hierzulande weniger häufig und wenn, dann vor allem im Werdenfels anzutreffen.

In den Landkreisen Berchtesgaden und Garmisch schließlich überwiegt die Bewirtschaftung von Berechtigungsalmen. Hierbei gehört das Land dem Staat oder der Gemeinde, die den Berechtigten die Nutzung der Lichtflächen zur Viehhaltung übertragen.

Die Almen Oberbayerns und Tirols werden heute überwiegend als Galtviehalmen betrieben. Unter Galtvieh versteht man Rinder, die keine Milch geben, also Jungvieh – Kälber sind erst ab sechs bis acht Monaten selbständig »almtauglich« – und großträchtige Kühe. Die Melkarbeit auf der Alm entfällt demnach, und die Tiere können bei geeignetem Gelände und entsprechenden Stallungen auch schon mal ein paar Tage sich selbst überlassen bleiben.

Ohne Stromversorgung und Zufahrtsmöglichkeit ist eine Alm in unserer Zeit nicht mehr funktionsfähig. Beides ist in Oberbayern und Nordtirol nahezu überall gegeben. Wobei der Straßenbau zu einem heftigen Gerangel zwischen Naturschützern und Almbauern geführt hat, das bezüglich mancher Projekte weiterhin andauert. Hinsichtlich der Almbauern ist dazu zu sagen: Ein schlepperbefahrbarer Weg auf die Alm ist heutzutage eine der wichtigsten Voraussetzungen für deren Fortbestand. Ohne Wege keine Pflege! Dies gilt sowohl für die Almen als auch für den Berg- und Schutzwald.

Die Sennerin – ein aussterbender Beruf?

Die Personalfrage ist heute eines der Hauptprobleme der Almwirtschaft. Im Gegensatz zu unseren Nachbarländern Österreich und Schweiz, aber auch zum Allgäu, wo man auf den Almen fast ausnahmslos Männer als Sennen, Hirten und Hüter antrifft, ist in Oberbayern die Sennerin Tradition.

Es ist zwar nicht so, daß es keinen ausgebildeten Nachwuchs an selbständig arbeitenden, verantwortungsbewußten Sennerinnen gäbe. Da aber heutzutage in einer Bauernfamilie ein halbes oder gar ein Dutzend Kinder nicht mehr an der Tagesordnung sind, werden alle Hilfskräfte auf dem Hof gebraucht. Somit müssen in vielen Fällen die »Austragler«, die Großmutter oder der Großvater, einspringen. Und damit stimmt die schwärmerische Beschreibung, derzufolge eine Sennerin immer

»resch und fesch« zu sein hat, nur noch in den Schnaderhüpfln und in manchen alten, romantisierenden Schilderungen. Dagegen trifft man allenthalben Personal, das schon 25 und mehr Almsommer »auf dem Buckel« hat. Aber auch »Aus- oder Umsteiger« versuchen ihr Glück, die, je nach Ehrlichkeit ihrer Motivation und ihrer Fachkenntnis, vor Ort entweder schon bald kapitulieren oder aber recht gute Arbeit leisten.

Die Almhütte

Wo sie nicht durch Lawinen, Murenabgänge oder Brand zerstört wurden, kann man heute noch Almhütten antreffen, die zumindest in ihren Fundamenten 200, 300 und noch mehr Jahre alt sind. Bevor früher ein Kaser neu gebaut werden konnte, mußte vorher der alte abgetragen werden. Die neue Hütte durfte nicht größer sein, als es die »Hausnotdurft« verlangte.

Die typische Bauform der bayerischen und der angrenzenden Nordtiroler Almen ist die Einfirstanlage. Ursprünglich in Holzblockbauweise aufgeführt und »ein Fuß über die Erde« aufgemauert, damit sie von unten her nicht zu schnell faulen konnten. Als Modell diente wohl das Talanwesen. Mensch und Tier leben unter einem Dach.

Typisch für den gesamten Ostalpenraum waren früher die Holzschindeldächer, die auf einer Pfettendachkonstruktion aufgebracht wurden. Man unterscheidet die genagelten, kürzeren Scharschin-

deln und die längeren, kunstvoll an- und übereinandergeschichteten Legschindeln, die mit Steinen, Balken und Latten beschwert werden. Leider wurden die Legschindeldächer bei fälligen Renovierungsarbeiten in den vergangenen Jahrzehnten aus wirtschaftlichen Erwägungen häufig durch Blech oder andere moderne, weniger

ästhetische, aber dafür billigere und widerstandsfähigere Materialien verdrängt. Es ist jedoch festzustellen, daß sie jetzt wieder »auf dem Vormarsch« sind.

Die Inneneinteilung einer Almhütte ist logisch und zweckentsprechend. In ihrer Urform erfüllte sie gleichzeitig die Funktion als Schutz-, Wohn-, Schlaf- und Wirtschaftsraum. Das Vieh blieb draußen auf der Weide. Aus dieser bescheidenen Einraumlösung mit zentral gelegener Feuerstelle hat sich nach und nach die Zwei- und Dreiraumeinteilung entwickelt. In der Regel sind dies der kombinierte Wohn-/Wirtschaftsraum, der Lagerraum für Milch und Käse – wenn möglich zwecks besserer Kühlung in den Felsen hineingebaut – sowie der Schlafraum.

Eine bauliche Rarität findet sich im Berchtesgadener Land: der Rundumkaser. Um was es sich dabei handelt, wird in Tour 19 ausführlich beschrieben.

Was die Einrichtung einer Almhütte anlangt, darf man keine allzu hochgeschraubten Erwartungen haben. Die Devise hierbei war und ist: einfach und zweckdienlich. Zuerst kam von jeher immer das Vieh, kam die Verwertung der Milch; erst dann durfte der Mensch an sich selber denken.

Diese ungeschriebene Almregel wird so richtig deutlich, wenn man sich einmal die kleinen, ungeheizten Schlafkammern anschaut. Meist sind sie nur mit einem Bett spärlich möbliert, die Kleidungsstücke hängen an Nägeln an der Wand. Verschwunden sind dagegen die Schlafpritschen (Kreister), die mit Stroh oder Lahnergras gepolstert waren, »damit der Hirt früh wach werden konnte«. Im Wohn-/Wirtschaftsraum hat der Küchenherd fast ausnahmslos die offene Feuerstelle mit darüber hängendem Kupferkessel am Schwenkarm abgelöst.

Rund um die Hütte

Kommt der Bergwanderer oder Mountainbiker an einen Zaun, weiß er: hier ist Almgebiet. Im Gegensatz zum heutigen pflegeleichten »tickenden« Stacheldrahtzaun mit Elektrobatterie oder Solarenergie, der im Herbst abgeräumt und im Frühjahr wieder neu aufgezogen wird, kannte man früher im Alpenraum eine Reihe verschiedenartiger hölzerner Zaunformen. So zum Beispiel Ring-, Spelten- und Kreuzzaun, die man heute fast ausnahmslos nur mehr in Freilichtmuseen antrifft.

Eine andere traditionelle Abgrenzungsform ist die Klaubsteinmauer. Bei dieser werden sozusagen gleich zwei Fliegen mit einer Klappe geschlagen: Die in der Almwiese hinderlichen und deshalb von Hand entfernten (aufgeklaubten) Steine sind hier nicht wie sonst üblich zu einzelnen Haufen, sondern zu langen Mäuerchen zusammengetragen.

Oft mit Steinen eingefaßt ist auch der sogenannte Almanger. Auf diesem meist nahe der Hütte gelegenen ebenen, umzäunten Stück Land wächst das Gras besonders hoch und saftig, weil es gut gedüngt wird. Zu Heu getrocknet, wird es als »eiserne Ration« für einen eventuellen Schnee-Einbruch eingebracht.

Eine Alm kann nur existieren, wenn auf ihrem Gelände Wasser, also eine Quelle vorhanden ist. Diese wird gefaßt und zumindest bis zum Brunnentrog – meist aus Holz und oft mit Schnitzereien verziert – vor die Hütte geführt. Aus diesem frischen Quellwasser bedienen sich dann Mensch und Tier. In besonders wasserarmen Gegenden war das Tränkerecht auf einer anderen, wasserführenden Alm Jahrhunderte hindurch Gewohnheitsrecht und wurde bei der Servitutenregelung extra eingetragen.

Arbeit und Gerät: Melken, Buttern, Käsen

Für den Betrachter gehören Melken, Buttern und Käsen zu den populärsten Almarbeiten. Bis zur Einführung der elektrischen Melkanlagen (solche sind heute auch auf manchen größeren Almen installiert) hat sich an den herkömmlichen Gerätschaften zum Melken über Jahrhunderte in Form und Funktion nichts Wesentliches geändert. Wenn auch Blech oder Kunststoff das ehedem hölzerne Melkgeschirr abgelöst haben, ist der Melkschemel nach wie vor aus Holz. Gemolken wurde und wird zweimal am Tag: frühmorgens und am

späten Nachmittag, wobei eine fixe Sennerin acht Kühe in der Stunde schafft. Der traditionelle, aus Fichtenholz gefertigte Melkeimer (Sechter) hat eine runde, sich nach unten hin verjüngende Form. Vom Melkeimer wurde die Milch früher in ein hölzernes Schaff mit zwei Griffen geschüttet. Mittels eines hölzernen Seihtrichters ließ sie sich dann in die ebenfalls hölzerne Tragebutte

umfüllen, die dann der Kühbub auf dem Rücken oft eine Stunde weit schleppen mußte, wenn die Milch beispielsweise auf einer niedriger gelegenen Alm verarbeitet werden sollte. Um den Rahm zum Ausbuttern zu gewinnen, wurde die Milch in flache hölzerne Stotzen oder konisch geformte tönerne Weitlinge gegossen. Letztere sind auch heute noch in Verwendung.

Hat man genügend Rahm beisammen, wird ausgebuttert. Das geschah und geschieht heute noch auf einigen wenigen Almen im hölzernen Stampf- oder Stoßbutterfaß, das in seiner hohen, zylindrischen Form bis ins 9. Jahrhundert nachgewiesen werden kann. Bedeutend jüngeren Datums, nämlich seit dem 18. Jahrhundert in Gebrauch, ist das Drehbutterfaß. Es liegt auf einem Holzgestell und wird mit einer Kurbel von Hand betrieben. Die Butterstücke werden schließlich portionsweise geformt und auch heute noch oftmals mittels alter geschnitzter Holzmodel oder sogenannter Butterstempel hübsch verziert.

Dem Käsen auf der Alm kam ehedem die größte Bedeutung zu. Einesteils konnten so die damals noch großen Mengen der leichtverderblichen Milch zum Eigenbedarf und Verkauf verarbeitet werden, andernteils diente Käse auch als gängiges Zahlungsmittel. Bereits die Kelten waren Meister in der Käsezubereitung und verstanden sich auf die Herstellung verschiedener Sorten.

Deutsche Almkäsdomäne ist seit dem Jahre 1827 das Allgäu. Damals haben einwandernde Schweizer Sennen die Herstellungsweise für den Emmentaler ausgeplaudert; Grundlage für einen seitdem blühenden Wirtschaftszweig. In Oberbayern und Nordtirol wird heute dagegen auf den Almen hauptsächlich nur noch für den privaten Gebrauch beziehungsweise für den Verkauf an Touristen in kleineren Mengen gekäst.

Das Almvieh

Hauptakteure auf der Alm waren und sind nicht die Menschen, sondern die Tiere. An erster Stelle stehen die Rinder (in Oberbayern ca. 2 400, in Tirol ca. 35 000); außerdem werden Schafe, Ziegen und Pferde geälpt.

Als auf den Almen noch mehr gekäst wurde, waren dort Schweine keine Seltenheit. Sie bekamen insbesondere den Schotten und die Molke zu fressen und gediehen dabei prächtig. Frei herumlaufen durften sie jedoch nur »geringelt«, das heißt sie bekamen Metallringe in die Nasen eingezogen, damit ihnen das Aufwühlen des Bodens verleidet wurde. Auch Bienenkörbe waren früher auf manchen Almen zu sehen.

Schafe weiden in der Regel unbeaufsichtigt und weit verstreut in unwegsamem, weniger ertragreichem Gelände und werden erst bei Schnee-Einbruch im Herbst wieder zusammengetrieben.

Somit macht man auf Almen in erster Linie Bekanntschaft mit Jungvieh und Kühen. In Oberbayern sind dies vor allem die Vertreterinnen der behäbigen, rötlichbraun-weiß gescheckten Fleckviehrasse.

Wie so manches in unserer Almwirtschaft stammen auch sie aus der Schweiz. Gewissermaßen eingeführt hat sie der junge Max Obermayer aus Gmund am Tegernsee, der sich im August 1837 zusammen mit seinem späteren Schwiegervater, Johann Fischbacher von Schwärzenbach, auf den Weg ins Berner Oberland gemacht hat, von wo schon seit längerem die Kunde von einer ausgezeichneten Rinderrasse hergedrungen war. Die beiden kauften für ihre gesamte Barschaft 14 Kühe, drei Kalbinnen, zwei Ochsen und einen Zuchtstier. Ein Schmied mußte die Tiere beschlagen, damit sie den fast 500 Kilometer langen, beschwerlichen Weg durchhielten. Fünf Wochen war der Treck unterwegs, dann zog man unter dem festlichen Geläut der Prunkglocken im Tegernseer Tal ein.

Heute sieht man neben dem überwiegenden Fleckvieh insbesondere auf den Almen des Chiemgaus und des Berchtesgadener Landes auch häufig die rotbraunen Pinzgauer, während das berggängige Braunvieh mit den dunklen Nüstern hauptsächlich in Tirol und den angrenzenden bayerischen Landesteilen gehalten wird.

Hier noch kurz ein paar allgemein interessante Zahlen zum Thema Kuh: Eine ausgewachsene Fleckviehkuh frißt am Tag 1½ Zentner Gras und säuft 60 Liter Wasser; sie gibt in der Hauptalmzeit täglich an die 20 Liter Milch und kann es auf 14 Zentner Lebendgewicht bringen. Nebenbei gesagt – das ist in etwa das doppelte Gewicht von dem, das eine bayerische Kuh vor 400 Jahren auf die Waage gebracht hat. Weideglocken und -schellen sind – mit Ausnahme des Prunkgeläuts beim Almabtrieb – nicht etwa ein reiner Schmuckgegenstand, sondern haben, wie alles in der Landwirtschaft, eine sinnvolle Funktion. In diesem Fall ist es die Signalgebung. Man unterscheidet die aus Glockenspeise gegossenen Weideglocken und die geschmiedeten Schellen. Schafe und Ziegen tragen kleinere Exemplare oder sogenannte Rollen. Das Almpersonal kennt jedes Geläut und weiß somit, welches Tier gerade wo steht. Die größte Glocke gebührt der Leit- oder Glockenkuh. Sie ist ein älteres, kluges Tier, das von der ganzen Herde meist über mehrere Sommer akzeptiert wird. Sie führt die anderen zu den Weide- und Unterstandsplätzen und duldet keine fremden Artgenossen in der Herde. Auch kennt sie den Lockruf der Sennerin genau und leitet ihr »Gefolge« pünktlich zu den Melkzeiten zur Hütte. Die Bezeichnung »dumme Kuh« wäre also hier völlig falsch am Platz.

Almauftrieb und Almabtrieb

Der Almauftrieb und -abtrieb – das Auf-d'-Alm-Fahren und Heimfahren von der Alm, wie es auch heißt – waren schon immer die spektakulärsten Ereignisse des Almgeschehens. Heute sind sie in erster Linie eine Personal- und Wetterfrage. Das Problem des viele Stunden, ja manchmal mehrere Tage dauernden An- und Abmarsches über beschwerliche Wegstrecken, die Mensch und Tier großen Anstrengungen und Gefahren aussetzten, gehört der Vergangenheit an. Auf den gut ausgebauten Wegen kann mit dem Viehtransporter oft bis vor die Stalltüre gefahren werden. Trotzdem halten noch viele traditionsbewußte Bauern und Sennerinnen am schönen alten Brauch des geschmückten Almabtriebs fest. Aufgekranzt wird, wenn überhaupt noch, beim Abtrieb. Dies ist aber nur dann üblich, wenn Mensch und Tier gut über den Almsommer gekommen sind und sich auch auf dem Talanwesen kein Todesfall oder ein anderes schlimmes Unglück ereignet hat. Für das Auf- und Abfahren ist natürlich in erster Linie das Wetter ausschlaggebend. Die Almtermine sind aber von alters her auch mit Namensfesten von Bauernheiligen verbunden. So wird beispielsweise um Johanni (24. Juni) herum auf die Hochalm aufgetrieben – Niederalmen können oft schon Ende Mai bestoßen werden – und um Michaeli (29. September) wieder ins Tal abgetrieben. An Jakobi (25. Juli), dem traditionellen Alm-Besuchstag, wird heute mancherorts ein Almkirta (Alm-Kirchweihtag) abgehalten.

Den Schmuck der Rinder für den Almabtrieb fertigen die Sennerinnen in ihrer sowieso recht knapp bemessenen Freizeit selber. Er

besteht aus Almrausch, Wacholder-, Fichten- und Latschenzweigen, die mit Bergblumen und Papierbändern verziert werden. Diese Gestecke bekommen die Tiere dann zwischen die Hörner gebunden, dazu manchmal auch ein Heiligenbild oder ein Kreuz oder aber ein besticktes beziehungsweise bemaltes Tuch, das das Gesicht verdeckt: die sogenannte Larve. Im Werdenfels sind die Aufstecker etwas niedriger als im Landkreis Miesbach und oftmals kranzförmig ausgestaltet. Eine Sonderform, die sogenannte Fuikl, ist auf den Berchtesgadener Raum beschränkt. Hier entstehen wahrhaft kunstgewerbliche Prachtexemplare. Eine Fuikl besteht aus einem zu einer zwei- bis dreistöckigen Krone hochgebundenen Tannengipfel, um und um besetzt mit Sternen, Rosetten und Schleifen aus schmalen, dünn gehobelten und bunt eingefärbten Holzbändern, den »Gschabertbandln«. An die 100 bis 200 davon müssen gefertigt werden, etwa 400 bis 500 braucht man für die großen Fuikln der Milchkühe. Für den Almabtrieb trägt zumindest die Leitkuh die schwere Prunkglocke am breiten, verzierten Lederriemen. Ihr Geläut sollte nach heidnischem Brauch ehedem die bösen Geister vertreiben, die überall auf dem gefahrvollen Weg zwischen Alm und Heimathof lauern mochten. Die gleiche Abwehrfunktion kam auch den oben erwähnten Larven zu.

Natürlich ist der Almabtrieb aber nicht nur ein strenger Arbeits-, sondern vor allem ein freudiger Festtag auf dem Hof. Die Bäuerin sorgt mit Gebackenem und Gebratenem gut für Almleute, Treiber und Hausgäste vor. Und mit das Wichtigste ist – wie immer im Altbayerischen, wenn es was zu feiern gibt – natürlich das Bier. Denn so ein Almabtrieb macht Durst. Nicht nur beim Menschen, besonders auch beim Vieh, das ja die ungewohnten Aufstecker und die schweren Glocken stundenlang, ja manchmal einen ganzen Tag schleppen muß. Die letzten Meter zum Heimathof legen die plumpen Rinder dann trotz Müdigkeit oft in erstaunlich schnellem Schritt zurück, und am Brunnen entsteht ein Mordsgedränge um das erste Maulvoll Wasser.

Die schönsten Ausflugsziele
rund um München

Marianne Heilmannseder
**Das Oberbayern-
Wanderbuch**
150 Halb- und Ganz-
tagestouren mit Varian-
ten, teils mit Anschluß
an Fernwanderwege:
Gebirgstouren, Wande-
rungen zu Kirchen,
Schlössern oder zünftigen
Biergärten, Rundtouren
um Seen oder durch
Wälder und Wiesen.

Marianne Heilmannseder
**Das neue Münchner
Wanderbuch**
38 Erlebnistouren
für die ganze Familie
33 reizvolle Tourenvor-
schläge zu den schönsten
und beliebtesten Auflugs-
zielen rund um München
sowie fünf Münchner
Stadtspaziergänge:
Routenverlauf der Wande-
rungen; ausführliche
Beschreibung der Erlebnis-
möglichkeiten; Sehens-
würdigkeiten mit Fotos
und Kartenskizzen.

Marianne Heilmannseder
**Münchner
Brotzeit-Wanderbuch**
Wandern und Radeln
zu 80 Wirtshäusern
30 wunderschöne, zum
Teil klassischen Ausflugs-
ziele rund um München:
Rundwanderwege und
Radstrecken, die zu min-
destens einer gernbesuch-
ten Wirtschaft mit Bier-
garten führen.

Im BLV Verlag Garten und Zimmerpflanzen • Natur • Heimtiere • Jagd • Angeln • Pferde und
finden Sie Bücher Reiten • Sport und Fitneß • Tauchen • Reise • Wandern, Bergsteigen, Alpinismus •
zu folgenden Themen: Essen und Trinken • Gesundheit, Wohlbefinden, Medizin

Wenn Sie ausführliche Informationen wünschen, schreiben Sie bitte an:
**BLV Verlagsgesellschaft mbH • Postfach 40 03 20 • 80703 München
Telefon 089 / 1 27 05-0 • Telefax 089 / 1 27 05-5 43**